생태인문학을 향한 발걸음

《물의 아이들》이 인지언어학을 만나다

한국문화사 **융합학문 프로젝트**

생태인문학을 향한 발걸음

《물의 아이들》이 인지언어학을 만나다

강민정 · 김동환 지음

한국문화사

일러두기

1. 외래어는 외래어표기법에 따랐으나 관용적인 표기와 동떨어진 경우 절충하여 실용적 표기를 하였다.
2. 용어의 영문 표기가 필요한 괄호 속에 병기하였다.
3. 도서명은 《겹화살괄호》로, 논문은 〈홑화살괄호〉로 표기하고, 입력공간 속의 요소는 [대괄호]로 표기하였다.
4. 내용 중에서 주의가 미쳐야 할 곳이나 중요한 부분은 '작은따옴표'로 표기하고, 예시 문장은 "큰따옴표"로 표기하였다.
5. 개념, 개념적 은유는 고딕체로 표기하였다.
6. 인물 정보의 출생 및 사망 연도를 추가하는 것을 원칙으로 했으나, 그 정보를 얻지 못한 경우에는 생략하였다.

들어가는 말

*

 우리나라 대학을 비롯해 전 세계의 대학은 인문학부, 이학부, 공학부, 예술학부, 체육학부처럼 여러 단과대학으로 구성되어 있다. 이는 다양한 전공 분야가 어울려 하나의 대학을 형성한다는 대학 설립의 취지에 따른 것이다. 어울림과 통합이 이루어지기 위해서는 먼저 전공 분야가 이처럼 세분화되는 것은 바람직하다. 문제는 형식적으로는 대학이 통합된 듯 보이지만 실상은 그렇지 않다는 것이다. 가령, 인류학, 예술사, 비교문학과 민족문학, 철학, 종교학 같은 인문학 분야에 종사하는 학자들은 캠퍼스 건너편의 신축 건물에 있는 자연과학에 종사하는 동료 교수들이 무슨 일을 하고 있는지 전혀 모른 채 자신들의 연구만 하면서 살아간다. 인문학자들은 자연과학에 대해 거의 모르거나 아무것도 모른다. 자연과학 교수들도 건너편의 낡은 건물에서 인문학 교수들이 무엇에 관심을 두고 있는지 잘 알지 못하고 심지어는 그런 연구에는 관심도 없다. 심할 때는 인문학 교수와 자연과학 교수는 자신만의 연구만 중요시하고 다른 분야에서 진행되는 연구는 무시하는 경향을 보이기도 한다. 즉, 인문학과 자연과학은 융합과 통섭을 이루지 못해 서로 어울리지 못하는 것이 지금의 대학

캠퍼스 내의 현실이다. 이런 대학의 비(非)통합 현상을 안타깝게 여기면서 캐나다 UBC(University of British Columbia)의 동양철학 교수 에드워드 슬링거랜드(Edward Slingerland, 1968~)는 현재 전 세계의 대학을 '진정한 대학(true university)'이 아닌 '이중적 대학(biversity)'이라고 부른다. 진정한 대학은 대학 캠퍼스 내 서로 다른 분야의 연구자들이 전문지식을 교환하고 공동 연구에 참여하면서 학제성(interdisciplinarity)을 추구하는 곳이다. 그러나 이중적 대학에서는 이러한 학제성 추구에 관심이 없다.

  인문학과 자연과학의 이중성도 심각하지만, 같은 공간에서 연구가 이루어지는 인문학 내의 어문학부에서도 이러한 상황은 이어진다. 인문학과 자연과학은 멀리 떨어진 서로 다른 건물에서 연구가 이루어지므로 이들 분야의 교수들이 서로 만남과 대화가 부족할 수 있는 것은 일정 부분 이해가 된다. 하지만 동일한 어문학부 소속으로 같은 건물에 연구실이 있는 교수들에게도 이와 비슷한 현상이 일어난다. 특히 같은 학과의 언어학 교수와 문학 교수는 학과 차원의 공식 행사에서는 서로 만나서 일상적인 대화를 나누지만, 각자의 연구 분야에 대해서는 그렇게 적극적인 공동 활동을 하지 않는 것이 현실이다. 언어학 교수는 문학 교수의 전공이 무엇인지는 알지만, 그 전공에서 진행되는 연구 자체에 큰 관심이 없다. 문학 교수도 언어학 교수의 연구에 대해 그 입장이 크게 다르지 않다. 결국 언어학과 문학은 같은 학과로 분류되어 있지만, 동료 교수들 간에도 학술적 교류는 거의 없고 엄격한 경계를 긋고 각자의 연구에만 몰두하는 것이 일반적이다. 그 경계선을 넘는 연구를 대학원 학생이 진행한다면 두 분야의 교수들로부터 이상할 정도로 의심스러운 시선을 받고 학생은 어디에서 어떻게 논문지도를 받을지 갈팡질팡할 수밖에 없는 상황도 일어난다. 에드워드 슬링거랜드 교수가 추구하는 인문학과 자연과학의 통섭이 이루어지는 '진정한 대학'으로 가기 위한 첫걸음은 인문학 내에서, 특히 어문학부 내에서 먼저 시작되어야 할 것이다.

　이 책은 문학 작품을 생태언어학적 관점과 인지언어학적 방법론에 기반하여 분석함으로써 어문학 내의 학문적 통섭을 추구하려는 작은 발걸음으로 볼 수 있다. 이러한 접근은 문학 텍스트에 내포된 생태적 의미를 언어적으로 구조화하고, 생태적 가치관을 실현하는 언어의 중요성과 역할을 확인하면서 생태인문학(ecological hummanities) 연구의 출발점을 제시한다. 이 연구의 주요 특징은 개념적 은유, 개념적 혼성, 범주화 체계와 현저성 등의 인지언어학적 분석 도구를 효과적으로 활용함으로써 문학 텍스트를 바라보는 다채로운 시각과 풍부한 해석의 가능성을 제공한다는 것이다. 더욱이 이 책은 《물의 아이들》이라는 영국 소설과 이탈리아 문학 《신곡》을 비교 연구함으로써 작품 간의 영향 관계를 더 넓은 시야에서 들여다볼 수 있는 창구도 제공한다.

　생태 위기가 날로 심각해지고 인공지능 기술이 인간의 존재를 위협하는 4차 산업혁명의 시대에 우리에게 필요한 것은 자아와 세계를 생태학적 관점에서 바라보는 새로운 가치관의 형성이다. 이 책에서 진행하는 생태인문학적 논의가 학문 간의 경계를 허물고 조화와 융합을 모색하는 연구 방향으로의 전환에 있어 중요한 초석이 되기를 기대해 본다.

2024년 2월 15일
강민정 · 김동환

목차

들어가는 말 ··· 005
프롤로그 ··· 010

제1장   **생태인문학** ··· 023
        1.1 생태적 접근법 ································· 023
        1.2 인지적 접근법 ································· 034

제2장   **찰스 킹즐리와 《물의 아이들》** ··············· 057
        2.1 찰스 킹즐리 ··································· 057
        2.2 《물의 아이들》 ································ 066

제3장   **오염 담화와 개념적 혼성** ······················· 077
        3.1 굴뚝과 인간성의 오염 ······················ 081
        3.2 수질오염과 사회적 불평등 ················ 095

제4장	**혼돈 담화와 아이러니** ················· 107
	4.1 환상 속의 혼돈 ······················· 108
	4.2 혼돈과 아이러니 ······················ 117

제5장	**생태인식 담화와 현저성** ··············· 133
	5.1 물의 세계에 대한 인식 ················ 134
	5.2 동물에 대한 인식 전환 ················ 145

제6장	**회복 담화와 종교적 은유** ··············· 167
	6.1 회개와 정화의 과정 ··················· 168
	6.2 지옥의 물의 세계 ····················· 173
	6.3 연옥의 물의 세계 ····················· 180

에필로그 ·· 190
참고문헌 ·· 196
찾아보기 ·· 202

프롤로그
＊

 이 책은 현대 사회의 생태 위기를 초래한 인간중심적 사고방식을 비판하고, 자연과 인간의 조화로운 관계를 위한 생태 인식의 회복을 탐구하는 여정이다. 기후변화와 환경오염, 과학 기술에 대한 맹목적 집착과 물질만능주의 그리고 사회의 위계 구조에서 만들어진 불평등과 위선 등의 문제는 지금의 생태 위기를 초래한 원인으로 지목된다. 이러한 위기를 인식하고 지금의 현실을 변화시키기 위해 요구되는 것은 바로 생태 인식을 갖추는 것이다. 생태 인식은 자연을 인간의 목적에 맞게 이용해야 할 도구적 대상으로 보는 관점에서 벗어나 자연의 본래 가치에 주목하고, 자연과 인간을 서로 공존해야 할 관계로 보는 사고방식이다. 생태 인식을 갖는다는 것은 우리 인간이 자연과 조화를 이루며 아름다운 방식으로 행동할 수 있는 능력을 개발하거나 인간과 지구의 생물 종 전체를 이해하고 포용할 수 있는 성숙한 자아의 개념인 '생태적 자아'를 추구하는 과정이기도 하다. 이 과정을 통해 자연의 소중함을 인식하고, 인간성을 회복시켜 생태적 삶으로 전환할 수 있다.
 이 책은 오늘날 생태 위기의 현실에 직면하여 환경오염과 사회 부패가 절정에 달했던 영국의 빅토리아 시대(1837~1901)를 재조명한다. 빅토리아 시대는 산업화와 도시화, 문명과 과학 기술의 부작용으로 역사상 전례 없는 환경 위기와 삶의 변화를 겪었던 시기였다. 물질적 진보를 향한 열망으로 그 당시 사람들은 자연을 기계처럼 분해하고 자원을 착취하게 되었다. 사회는 권력과 자본의 논리에 따라 작동하고, 사람들의 삶은 점점 더 양극화되었다. 물질주의와 이기주의로 인한 인간 소외 현상, 위계적 사회 구조로 인한 성과 계층 간의 차별 등 빅토리아 사회의 다양한 병폐가 현재 우리 삶의 현실에서 그대로 재현되는 상황에서, 그 시대의 사회적 상황을 다룬 작품을 살펴보는 것은 지금의 우리가 직면한 생태 파괴의 원인을 진단하고 해결책을 모색하는 하나의 방법이 될 수 있다.

빅토리아 시대의 많은 작품 중 이 책은 찰스 킹즐리(Charles Kingsley, 1819~1875)가 1863년에 발표한 《물의 아이들: 육지 어린이를 위한 동화》(The Water-Babies: A Fairy Tale for a Land-Baby)에 주목한다. 이 소설은 산업화와 도시화가 초래한 환경 파괴와 사회적 불평등의 문제를 드러내고 있으며, 물을 소재로 하여 수질오염의 심각성과 물 부족 현실, 계층 간 불평등한 급수 공급 문제를 지적하고 있다. 전 세계적인 기후변화와 가뭄으로 인해 수자원이 고갈되고, 방사능 오염수로 인한 해양 오염이 가속화되고 있는 현재의 환경 위기 상황에서, 이 작품에 대한 생태학적 분석은 해양 생태계의 중요성을 부각하고, 왜 지금 이 시점에서 우리가 생태 인식을 갖추어야 하는가라는 진지한 물음을 던진다.

《물의 아이들》은 환상을 다룬 소설로서, 빅토리아 시대의 전형적인 사실주의 문학과는 뚜렷이 구분되는 특징을 보여준다. 물론 이 소설도 다른 사실주의 작품처럼 대도시의 환경오염, 아동 노동 착취, 노동자의 빈곤, 공리주의식 교육, 진화론의 논쟁으로 인한 종교적 가치관의 붕괴 등 빅토리아 사회가 처한 다변적 현실을 여실히 반영하고 있다.[1] 그러나 사실주의 문학이 당대의 정치적 갈등과 사회의 혼란을 가능한 한 객관적인 시선에서 바라보며 비참한 현실을 상세히 묘사하는데 그쳤던 반면, 《물의 아이들》은 초자연적이고 환상적인 요소를 이용하여 부정적 현실을 극복할 대안을 찾고자 했다. 다시 말해, 사실주의 작가들은 고통스러운 현실을 인식하면서도 현실 극복의 대안을 찾는 데 있어 현실 공간의 한계와 제약에 부딪혔다면, 《물의 아이들》은 이러한 사실주의의 한계를 인식하고 위기의 현실을 극복할 수단으로 환상을 도입했다. 따라서 소설 속 환상 공간인 '물의 세계'는 독자에게 당시 수질오염과 각종 질병이 만연한 비참한 현실에서 탈출할 수 있는 새로운 상상력의 공간을 제공해주었다.

우리가 환상을 통해 현실을 바꾸어나갈 수 있다면 그것은 이성적 사고에 근거한 현실 인식에 의한 자각보다는 '생태적 상상력(ecological imagination)'[2]의 힘에서 비롯된다. 이 책에서는 생태적 상상력을 인간과 자연, 그리고 모든 생명체가 조화롭게 공존하는 세계를 상상하고 그러한 세계를 구현하는 능력으로 정의한다. 이러한 능력은 자연과학 연구나 기술적 접근보다는 문학적 체험을 통해 실현될 가능성이 크다. 자연을 분석 대상으로 바라보는 자연과학 연구는 자연 현상을 이론이나 법칙으로 증명하는데 치중한 나머지 우리 스스로 자연의 아름다움을 상상하게 하는

---

1 찰스 디킨스(Charles Dickens, 1812~1870)의 《어려운 시절》(Hard Times, 1854), 벤저민 디즈레일리(Benjamin Disraeli, 1804~1881)의 《시빌》(Sybil, 1845), 엘리자베스 개스켈(Elizabeth Gaskell, 1810~1865)의 《메리 바튼》(Mary Barton, 1848) 등은 빅토리아 사회의 부정적 현실을 세밀하게 그리고 있는 사실주의 소설들이다.
2 생태적 상상력은 자연의 존재 가치를 회복시킴으로써 에코토피아(ecotopia)를 실현한다. 에코토피아는 생태적 이상향의 모습으로 '생태학'을 뜻하는 그리스어 ecological과 '이상향'을 뜻하는 utopia가 결합된 말이다.

과정은 소홀하게 치부해 버릴 수 있다. 그러나 문학은 사람들의 상상력을 자극함으로써 자연의 경이로움을 체험하게 하고, 다양한 생명체와의 깊은 공감을 통해 삶의 가치와 행복을 느끼도록 해준다. 이런 관점에서 문학 텍스트에 대한 생태학적 연구는 자연으로부터 멀어졌던 우리의 시선을 다시 자연으로 돌려 인간과 자연의 조화로운 관계 맺음의 방식에 대해 사색하게 만든다. 따라서 《물의 아이들》을 읽는 우리의 상상 속에서는 깨끗한 물의 세계가 드넓게 펼쳐지며, 그 속에서 인간과 물속 생명체가 자유롭게 어울리는 풍경이 절제되지 않은 의식 속에서 자연스럽게 그려지게 된다.

생태적 상상력은 텍스트에 담긴 비유나 상징, 이미지 등의 언어적 요소를 통해 더욱 활성화될 수 있다. 우리가 자연을 찬미하는 노래 가사를 들을 때 그 즉시 아름다운 자연의 풍경을 머릿속에 떠올리듯이, 감각적 언어를 사용하면 생태적 상상력은 더욱 풍부해질 것이다. 《물의 아이들》의 환상 세계에서 들리는 물결의 일렁임, 파도의 사각거림, 물속 생명체의 파닥거림을 묘사하는 언어는 독자의 감각을 자극하여 물속의 자연 세계를 더욱 생동감 있게 그려볼 수 있게 한다. 특히 언어가 현실을 수동적으로 반영하는 것이 아니라 현실을 능동적으로 창조한다는 측면에서, 언어가 우리의 생태적 사고를 형성하는 데 결정적인 영향을 미친다는 점을 간과할 수 없다. 따라서 이 책은 생태학적 문학 분석이 생태적 상상력을 촉진하는 언어학적 연구와 함께 진행될 때 비로소 완성될 수 있다는 융합적 견해를 기반으로 한다.

《물의 아이들》을 인지언어학으로 분석하는 이 책은 생태적 상상력을 기반으로 한 생태 인식의 확장과 그것을 표현하는 언어적 방식을 종합적으로 탐구한다. 즉, 텍스트에서 관찰되는 생태적 주제와 그 의미를 전달하는 다양한 언어 표현 방식을 함께 다룬다. 이를 통해 생태학적 관점에서 문학과 언어학을 통섭하는 학제간 연구, 즉 생태인문학의 중요성을 제시하고자 한다.

이 책의 목적과 구성

　이 책은 생태학적 관점에서 문학 작품 《물의 아이들》에 대한 담화 분석[3]을 통해 텍스트 내의 인간중심적 사고방식을 비판하고, 생태 인식으로의 변화, 즉 사고방식의 생태학적 전환을 촉진하는 데 그 목적이 있다. 이 소설의 생태학적 담화 분석은 텍스트에 내재된 인간중심주의를 해체하는 과정이다. 인간이 다른 종보다 우월하다는 사고방식은 자연과 다른 생물 종을 인간의 욕구나 필요를 충족시키는 자원이나 도구로 전락시키고, 자연을 착취하고 지배하는 것을 정당화한다. 따라서 이 소설에서 생태를 파괴하는 인간 우월적 사고의 유형을 비판적으로 검토하고, 이러한 사고의 전환을 이루는 대안을 모색하는 것은 인간과 다른 종의 공생과 평등의 관계를 지향하는 생태학의 목표에 부합된다. 담화가 있는 그대로의 세계를

3　담화와 담화 분석의 정의는 학자들의 관점과 연구 분야에 따라 다양하게 이루어졌다. 첫째, 담화를 언어의 구성단위로 볼 때 담화 분석은 절이나 문장을 넘어서는 텍스트 분석을 시행한다(텍스트언어학). 둘째, 담화를 언어 사용이라고 볼 때 담화는 언어 사용의 의미에 대한 분석이다(화용적 접근). 셋째, 담화를 의사소통의 기능을 수행하는 발화로서 볼 때 담화 분석은 언어의 소통 기능이 문법에 어떻게 반영되는지를 분석한다(기능주의적 접근). 넷째, 담화를 사회적 이념이나 권력관계를 나타내는 도구로 볼 때 담화 분석은 사회적 불평등, 지배 관계, 힘, 권력을 행사하는 언어 사용을 비판한다(비판적 담화 분석). 이 책에서는 텍스트와 사회적 맥락이 맺는 긴밀한 상호작용의 관계를 탐색하는 비판적 담화 분석을 시행한다.

표현할 뿐만 아니라 실재와 다른 가능 세계(possible world)를 그려보고, 특정한 방향으로의 변화를 끌어낼 수 있다는 점에서 이 소설의 담화 분석은 생태 인식에 대한 미래의 담화를 형성하는데 중요한 계기를 마련해 준다.

생태학은 본질적으로 학제간 특성을 띠고 있어 생물학을 비롯하여 문학, 언어학, 사회학, 인류학, 철학에 이르기까지 다양한 학문에 적용되고 응용되어 연구가 이루어졌다. 예를 들어, 생태언어학은 생태학과 언어학의 연계를 통해 발전했고, 언어를 중심으로 언어와 환경 간의 관계를 탐구한다. 반면, 생태학과 문학 비평의 결합을 통해 형성된 생태비평은 문학 작품 속에 그려진 자연의 가치와 인간과 자연 간의 관계를 다룬다. 생태학과 관련된 다양한 학문은 그 특성에 따라 접근 방식이 다를지라도 모두 생태학이라는 공통의 주제를 중심으로 인간과 자연의 조화 그리고 인간과 자연의 평등한 관계를 추구하기 위해 인간중심주의를 비판하고, 넓은 의미에서 자연과 인간의 상호작용을 강조한다. 이런 측면에서 생태언어학과 생태비평의 이론적 접목은 《물의 아이들》을 생태학적 관점에서 해석할 때 더욱 풍부한 연구 발판을 제공해 준다.

《물의 아이들》이 인지언어학[4]을 만나는 이 책은 애런 스티베(Arran Stibbe)가 2021년에 2판으로 출간한 단행본 《생태언어학》(Ecolinguistics)의 생태언어학적 방법론에 바탕을 둔다. 스티베는 언어가 우리의 사고를 형성하는 중요한 매개체라고 여기고, 언어를 통해 우리의 삶과 환경을 더

---

[4] 인지언어학은 인간의 언어, 마음, 사회적·물리적 경험 간의 관계를 연구하는 언어학 이론이다. 언어 연구에 있어 인지언어학은 언어가 인간의 몸, 인간의 지각, 인지 능력과 관련되어 있다고 본다. 따라서 인지언어학은 언어와 사고 간의 관계에 관심을 두고, 인지적 기능을 하는 언어를 연구한다.

욱 풍요롭고 긍정적으로 바꿀 수 있다고 생각한다. 이에 따라 인지언어학의 이론을 방법론으로 삼아 텍스트에 내재된 다양한 언어적 형태와 의미를 분석하고자 한다. 그는 지배 이데올로기를 비판하는 비판적 담화 분석(critical discourse analysis; CDA)을 비롯하여 틀 구성(framing), 은유(metaphor), 평가(evaluation), 정체성(identity), 신념(conviction), 소거(erasure), 현저성(salience), 서사(narrative) 등의 다양한 분석 방법을 제시한다. 나아가 스티베의 생태언어학적 분석은 생태철학이라는 윤리적 틀(ethical framework)을 기반으로 이루어진다.[5] 생태철학이란 인간중심적 세계관, 즉 이기주의, 과도한 개발, 지나친 경쟁, 무분별한 소비를 비판하고, 인간과 자연의 조화, 공존, 화합을 추구하는 철학적 사유를 말한다. 이처럼 스티베의 분석은 단순히 언어학적 분석에 그치는 것이 아니라 언어와 환경의 상호작용을 생태철학의 배경 안에서 심도 있게 탐구한다.

이 책은 생태계를 파괴하는 언어로 이루어진 텍스트의 담화는 비판하고, 생태계를 보호하는 담화 속 언어의 사용은 널리 장려하는 데 주안점을 둔다. 이를 위해 인지언어학적 기제인 틀, 은유, 현저성, 범주화 체계 등을 통해 텍스트 내에서 담화의 의미와 그 의미를 구성하는 언어 표현을 분석하고자 한다. 그런데 순수 언어학적 분석에 주로 사용되는 인지언어학의 방법론을 《물의 아이들》과 같은 문학 텍스트에 적용할 수 있는가라는 의심이 들 수 있다. 그러나 이미 인지언어학은 문학 비평에서도 중요한 도구로 인식되고 있다.[6] 이러한 맥락에서 등장한 인지 시학(cognitive

---

5 애런 스티베는 아르네 네스(Arne Næss)의 생태철학(ecosophy)을 분석의 틀로 사용하지만, 생태언어학에서 단 하나의 절대적인 철학은 존재하지 않는다고 말한다.
6 김사영 선생님이 2021년에 발표한 논문 〈그래픽 노블 《뉴키드》의 인지적 분석: 개념적 은유 이론과 개념적 혼성 이론의 적용〉에서 이를 볼 수 있다.

poetics)은 인지언어학적 문학 비평으로서, 문학 텍스트의 복잡한 의미와 독자의 인지 과정 사이의 관계를 연구한다. 피터 스톡웰(Peter Stockwell)은 2002년에 출간한 책 《인지 시학》(Cognitive Poetics)에서 인지 시학이 문학 읽기에 대한 모든 것으로, '인지'는 읽기를 포함하는 정신적 과정(mental process)이고, '시학'은 문학의 기술(craft of literature)에 관한 것이라고 말한다. 스톡웰은 인지 시학이 본질적으로는 문학에 대해 사고하는 방식이라고 정의하며, 이것이 문학적 논제를 처리할 수 있는 인지모형을 제공한다고 설명한다. 바바라 댄시거(Barbara Dancygier)는 2012년에 출간한 책 《이야기의 언어》(The Language of Stories)에서 인지언어학의 이론을 문학 비평에 적용하는 것이 문학 텍스트를 언어적 인공물(linguistic artifact)로 보고, 문학적 의미를 발생시키는 데 참여하는 언어의 과정을 연구하는 것이라고 주장한다. 댄시거는 문학 텍스트의 다양한 해석을 생산하는 의미구성 과정을 언어학적 현상으로 설명하기 위해 인지언어학의 개념적 혼성 이론을 도입한다. 그리고 이러한 개념적 혼성이 복잡한 텍스트를 해석하는 도구로 적절히 활용될 수 있다고 지적한다. 스톡웰과 댄시거의 연구는 인지언어학적 개념을 실제 문학에 적용함으로써 문학 비평의 범위를 더욱 확장하는 발판을 마련한다. 이런 점에서 《물의 아이들》에 인지언어학적 방법론을 적용하는 것은 문학과 언어학의 경계를 넘어서 생태학적 관점에서 텍스트의 의미구성 과정과 언어 표현을 더욱 깊이 분석할 수 있도록 해준다.

이 책은 생태언어학의 핵심 방법론인 인지언어학을 기반으로 《물의 아이들》의 담화를 네 가지 단계로 구분하고, 해당 담화가 진행되는 상징적 의미를 분석한다. 이 담화들은 '오염 담화', '혼돈 담화', '생태인식 담화', '회복 담화'로 전개된다. 이러한 분류는 오염과 혼돈을 초래하는 파괴적인 담화에서 생태 인식 단계를 거쳐 인간성을 회복하는 담화로 이행되는 삶의 순환적 과정을 드러내기 위한 것이다. 이러한 과정은 마치 다음 그림에서 제시된 것과 같은 **인생** 인지모형처럼 이 소설의 주인공 톰(Tom)이 인생의 시기별로 겪게 되는 삶의 여정 혹은 모험, 그리고 변화와 성장에 관한 이야기로 해석될 수 있다.

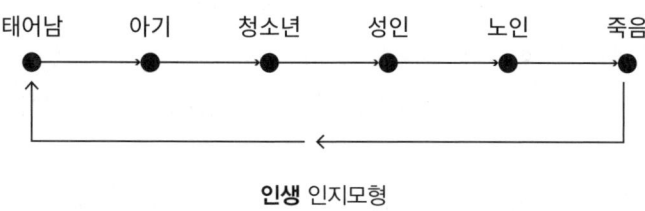

인생 인지모형

이 인지모형은 인생의 처음부터 마지막까지 진행되는 시간의 경로를 나타낸다. 더불어 이 과정은 단순한 선형적 흐름이 아니라 순환 구조를 지닌다는 점에 주목할 필요가 있다. 이 모델의 순환성에 의하자면, 인생에서 죽음은 끝이 아니라 새로운 태어남의 시작이다. 이 순환적 인생 인지모형을 《물의 아이들》에 적용해보면 다음과 같이 나타낼 수 있다.

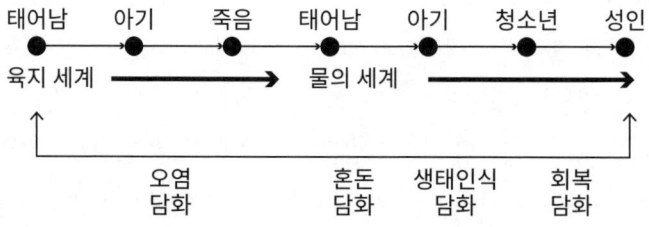

《물의 아이들》에 적용된 톰의 인지모형

위 그림의 모형은 톰이 육지 세계에서 사라진 후 물속 세계에서 다시 태어나 어른으로 성장하는 과정에서 경험하는 다양한 담화 유형을 보여준다. 이 인지모형에서 첫 단계에 등장하는 오염 담화는 오염된 환경 속에서 굴뚝청소부로서 가혹한 노동을 수행해야 하는 톰을 통해 사회의 부패와 어른들의 타락한 인간성을 조명한다. 두 번째 단계인 혼돈 담화에서는 낯선 물의 세계에서 재탄생한 톰이 마주하는 혼란스러운 세상을 그려낸다. 그다음 단계인 생태인식 담화는 생태적 상상력을 통해 인간중심적 시각에서 생태적 사고방식으로 전환되는 과정을 보여준다. 마지막으로, 회복 담화는 죄와 구원의 관점에서 인간 본성을 회복하고 정화하는 과정을 다룬다. 이 담화들은 톰이 더러운 육지 세계에서 벗어나 물의 세계에서 새롭게 태어나 세상의 혼돈을 체험한 후 생태적 깨달음을 얻고 마침내 인간성을 회복한다는 이야기의 흐름으로 진행된다. 깨달음의 속성상 만약 그 깨달음을 얻지 못한 경우에는 그 과정이 다시 반복되기 마련이다. 결국 깨달음에 이르지 못한 경우에는 혼돈 담화가 되풀이될 수밖에 없다. 오염된 현실 세계의 죽음과 생태적 상상 세계의 태어남이 순환적으로 연결되고 있다는 점에서 앞의 두 그림의 순환 구조는 유사성을 공유한다.

이 책은 이러한 담화들의 전개 방식을 중심으로 구성되며, 구체적인 내용은 다음과 같다. 제1장에서는 《물의 아이들》의 생태인문학적 분석에 필요한 생태학의 기본 개념을 설명하고, 생태학의 이론적 토대가 되는 심층생태학과 사회생태학을 소개한다. 이와 더불어 생태학이라는 학문의 영역 내에서 문학과 생태학의 긴밀한 연관성을 분석하는 생태비평과 언어와 환경 간의 상호작용을 연구하는 생태언어학도 간략히 살핀다. 그리고 이 작품을 분석하는 인지언어학의 방법론 중에서 개념적 은유 이론과 개념적 혼성 이론, 범주화 체계를 개괄적으로 제시한다.

제2장에서는 찰스 킹즐리의 작품관과 사상을 소개하고, 그동안 다각적 관점에서 다루어졌던 《물의 아이들》에 대한 연구 논의를 제시한다.

제3장에서는 생태언어학적 방법론의 일환으로서 인지언어학을 주요 분석 도구로 활용한다. 조지 레이코프와 마크 존슨(George Lakoff & Mark Johnson)이 1980년에 출간한 《삶으로서의 은유》(Metaphors We Live By)에서 주장한 개념적 은유 이론을 통해 자연의 오염이 사회와 인간성의 오염을 상징하는 매개체로 작용하는 것을 보여준다. 또한 굴뚝청소부 톰이 검고 더럽다는 이유로 혹은 빈민층에 속한다는 사실 때문에 그가 사회에서 각각 범죄자와 폐기물로 인식되는 의미구성 과정을 질 포코니에와 마크 터너(Gilles Fauconnier & Mark Turner)의 개념적 혼성 이론을 적용하여 분석한다.

제4장에서는 로즈메리 잭슨(Rosemary Jackson)이 1981년에 출간한 《환상성: 전복의 문학》(Fantasy: The Literature of Subversion)에서 제안한 점근축(paraxis) 이론을 활용하여 환상 공간을 해석하고, 아이러니 개념을 도입하여 환상 공간에서 발생하는 혼돈의 의미와 특성을 살펴본다. 또한 환상 세계에서 톰이 목격하는 혼돈의 양상이 빅토리아 사회의 현실과 어떻게 연결되는지, 그리고 독자에게 어떻게 아이러니한 의미를 전달하는지를 개념적 혼성 이론으로 분석하면서 환상과 아이러니의 관계성을 논의한다.

제5장에서는 생태언어학적 분석에 유용한 도구인 현저성과 범주화 체계, 은유를 활용하여 생태 인식을 강화하는 언어적 유형과 그 실천적 적용 방안을 탐색한다. 인간과 동물의 관계를 부정적으로 표현하는 은유를 검토하고, 이들 간의 관계를 개선할 수 있는 새로운 은유 표현을 제안한다.

제6장에서는 레이코프와 존슨의 개념적 은유를 활용하여 종교적 시각에서 환경과 사회를 오염시키는 인간의 행위를 죄의 문제로 바라보고, 오염이 정화되는 과정을 죄를 씻는 회개의 과정에 비유한다. 구체적으로 이 소설을 단테 알리기에리(Dante Alighieri, 1265~1321)의 대표 서사시인 《신곡》(La Divina Commedia)과 비교하면서 생태 오염을 일으키는 타락한 인간성을 비판하고, 정화를 통한 인간성의 회복 방안에 대해 살펴본다.

에필로그에서는 앞서 논의한 내용을 요약하고, 이 연구의 의의 및 한계점에 대해 논의한다. 이를 통해 생태 위기에 직면한 현재 상황에서 생태 인식으로의 전환이 왜 필요한지를 강조한다.

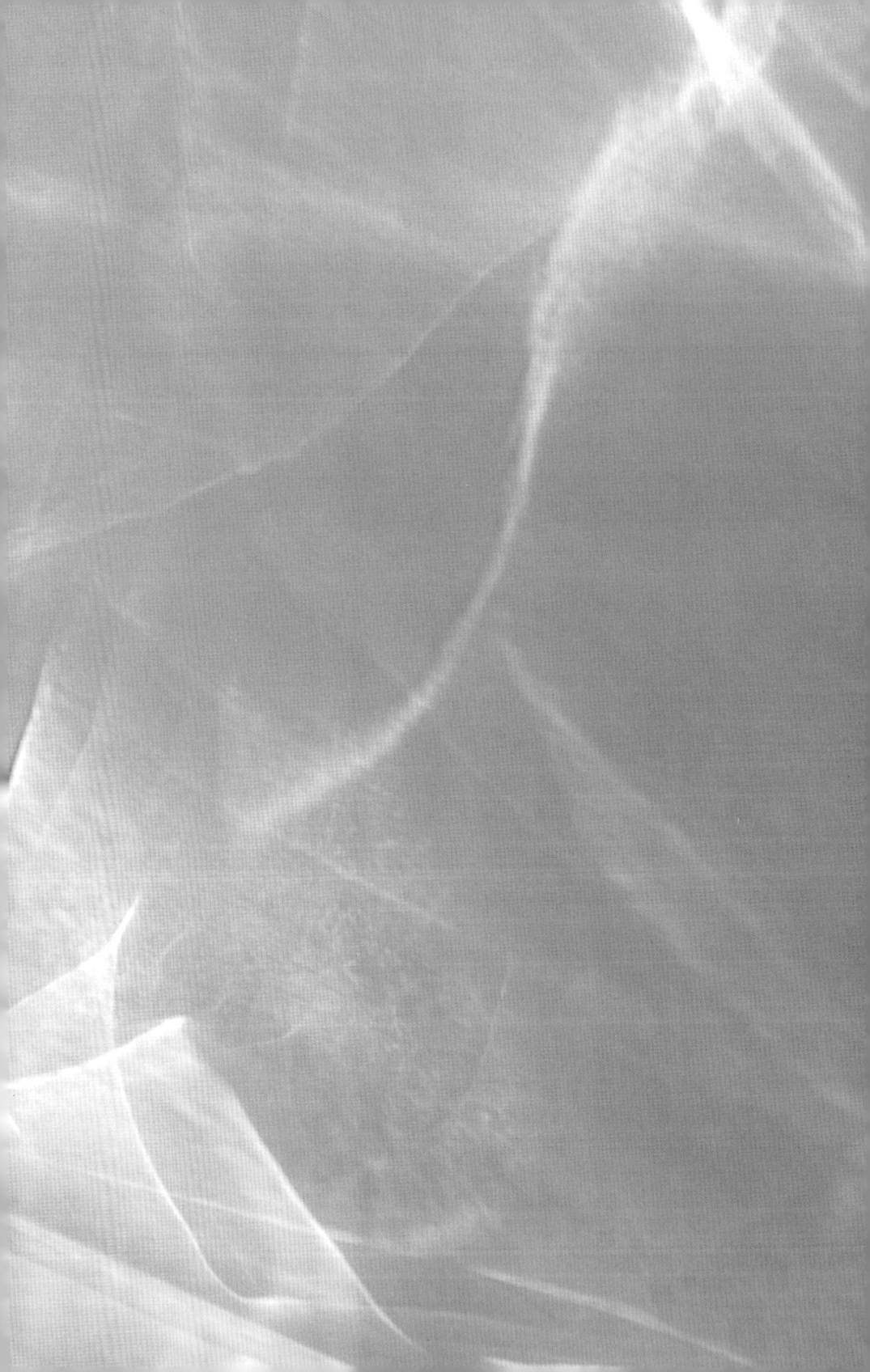

제1장
생태인문학

1.1 생태적 접근법

생태학

에른스트 헤켈(Ernst Haeckel, 1834~1919)은 1866년에 출간한 《일반생물형태학》(Generelle Morphologie der Organismen)에서 생태학(Ökologie)[1]이라는 용어를 처음 사용하고, 살아있는 유기체로서 자연의 모든 존재가 상호 관련되어 있다는 생태학 이론을 정립한다. 헤켈의 생태학은 알렉산더 폰 훔볼트(Alexander Von Humboldt, 1769~1859)의 생명망(web of life)이라는 개념에서 큰 영향을 받는다.[2] 헤켈은 "자연은 통합

---

[1] Ökologie란 '가정'을 의미하는 오이코스 oikos와 '학문'을 의미하는 로기아 logia의 합성어이다. 사람들이 한 가정에서 서로 의존하며 때로는 도움을 주고받고, 때로는 갈등을 겪으며 살아가듯이 지구상의 모든 생명도 자연이라는 하나의 서식지에서 긴밀하게 연결되어 살아간다는 의미이다.

[2] 훔볼트는 오늘날의 생태적 사유 방식의 근본을 마련한 학자로 자연을 복잡하게 연결된 하나의 망으로 인식한다. 그는 자연이라는 생명체는 식물과 동물이 촘촘히

된 전체이고, 복잡한 상호관계로 구성되어 있다"라는 훔볼트의 자연 개념을 받아들인다. 그리고 이를 생태학이라고 이름 붙이고, 생태학이란 유기체와 환경의 관계를 연구하는 학문이라고 정의 내린다.

초기 생태학은 순수 자연과학 혹은 생물학의 한 분과로 연구되었고, 생태계와 인간의 관계 및 그 영향에 관한 연구는 도외시되었다. 그러나 환경 파괴와 화학 살충제의 사용이 자연과 인간의 삶에 미칠 파괴성을 경고하는 레이첼 카슨(Rachel Carson)의 《침묵의 봄》(Silent Spring)이 1962년에 출간되면서 환경오염에 대한 인식과 더불어 생태학에 대한 대중적 관심이 고조된다. 카슨은 자연재해가 인간의 생존 문제와 직결된다고 지적한다. 그녀는 인간의 몸을 생태계에 비유함으로써 인간과 자연의 관계를 새롭게 해석한다. 일례로, 카슨은 DDT와 같은 화학 살충제가 생태계의 먹이 사슬을 통해 이동해 가는 과정을 인간의 몸에 독성 물질이 축적되는 과정에 비유함으로써 화학물질의 오염이 자연과 인간의 생명에 얼마나 치명적인지를 보여주며, 인간과 환경 간의 긴밀한 상호연결성을 강조한다. 이후 생태학은 단순히 자연 생명체를 분석하는 것을 넘어 인간도 생태계에 포함되는 유기체로 간주하고, 자연과 인간의 상호작용에 관한 연구는 더욱 확장된다.

레이첼 카슨이 촉발한 자연 파괴의 위험성에 대해 경각심을 느낀 사람

연결되어 서로 상호 의존하는 관계로 전체를 이룬다고 생각한다. 그는 남아메리카부터 시베리아까지 탐험하며 전 지구적인 식생대와 식물 분포를 직접 관찰했다. 또한 철저한 관찰과 데이터 분석을 통해 자연을 새롭게 발견하고 이해하고 스케치했다. 그가 에콰도르에 있는 세계의 최고봉이라고 알려진 침보라소의 식물군을 관찰한 후 그려낸 자연그림(Naturgemälde)은 자연에 대한 그의 새로운 관점을 보여준다. 훔볼트는 자연을 계통으로 분류하거나 분석하지 않고, 전체적인 한 장의 그림으로 표현하여 생명체의 연결 관계를 한 눈에 볼 수 있게 했다.

들은 산업화로 인한 대기오염과 수질오염, 화학물질의 유해성, 야생 동물의 멸종 등의 환경 문제가 더 이상 간과할 수 없는 심각한 문제라고 인식하게 된다. 이에 따라 자연과 동물을 보호해야 한다는 인식이 확산되고, 많은 사람들은 동물의 권리에도 관심을 두기 시작한다. 그 결과 환경 보호 활동이 활발히 이루어지고, 자원을 효율적으로 사용하고 환경 관련 법규를 강화해야 할 필요성이 제기된다.[3] 이로 인해 무분별한 자원 개발이 억제되면서 환경은 일시적으로 복원되는 듯이 보인다. 그러나 이러한 노력에도 불구하고, 환경 보호 활동의 주요 방향은 정책 수정과 법적 규제를 중심으로 한 정치적 활동에 지나지 않는다. 이는 기존의 정치와 경제 체제 내에서 환경 문제를 개선하려는 개량주의적 접근 방식이다. 이러한 개량주의적 접근 방식은 여전히 인간중심적이고, 환경 문제를 인간의 이익을 기반으로 다루는 한계를 내보인다.

이러한 한계를 극복하기 위해 아르네 네스(Arne Næss, 1912~2009)는 1973년에 발표한 논문 〈표층 생태학 운동과 심층의 장거리 생태학 운동〉(The shallow and the deep, long-range ecology movements)에서 기존의 환경주의자들이 전개했던 개량주의적 환경 운동을 비판하면서 심층생태학(deep ecology)의 개념을 제안한다. 네스는 환경 문제를 해결하려면 인간중심적 세계관에서 생태중심적 세계관으로의 근본적인 변화가 필요하다고 본다. 그는 환경 파괴의 실태를 조사하고 환경을 보호하고 복구하려는 활동적 차원의 환경주의 운동을 피상적이라 비판하고, 이에 대비되

---

[3] 1969년 국가환경정책법(National Environmental Policy Act)이 통과되면서 환경오염을 규제할 수 있는 법적 근거가 마련되었고, 이 법은 환경 보호 관련 기관 등의 설립에 많은 영향을 끼쳤다. 이후 1972년 스톡홀름에서 개최된 UN 환경 회의는 환경 위기에 대한 전 세계적 관심을 끌어냈다.

는 심층생태학이 환경 문제의 근본적 해결 방안이라고 주장한다. 심층생태학은 인간과 유기적 관계를 맺는 자연 그 자체로서의 존재적 의미를 일깨우는 사상이다. 네스는 우리가 태어나면서부터 '자연 안에 있는, 자연의, 자연을 위한' 존재라고 정의하고, 우리의 자아가 자연의 모든 살아있는 존재로 이루어진 공동체와 관계를 맺는다고 설명한다. 네스의 생태적 사유 방식은 자연과 자아의 존재, 그리고 삶에 대한 깊은 이해를 바탕으로 한다.

아르네 네스의 논의에 이어 루카 발레라(Luca Valera) 역시 2019년에 발표한 논문 〈깊이, 생태학, 그리고 심층생태학 운동〉(Depth, ecology, and the deep ecology movement)에서 심층생태학이 정치적이거나 윤리적인 것이 아니라 존재론적 논제(ontological agenda)라고 덧붙인다. 발레라는 생태학이 정치 활동이나 도덕적 의무에서 나오는 것이 아니라 자연의 존재에 대한 사람들의 인식 전환에서 나온다고 주장한다. 심층생태학자 존 시드(John Seed)는 2007년에 출간한 《산처럼 생각하기》(Thinking Like A Mountain)에서 인간이 생존하기 위해서는 '의식의 변화'가 반드시 필요하다고 지적한다. 이렇듯 자연의 의미를 찾고, 존재로서의 자연을 바라보는 의식의 전환은 심층생태학의 핵심 요소이다.

그러나 심층생태학이 추구하는 생명중심주의는 개별 생명체와 생태권의 권리에만 집중함으로써 환경 문제에 대한 실질적 해결책을 제시하지 못하고, 더욱 넓은 측면에서의 사회적·정치적 요인을 배제한다는 비판을 받는다. 머레이 북친(Murray Bookchin, 1921~2006)은 1990년에 출간한 《사회 재구성》(Remaking Society)에서 이러한 심층생태학의 한계를 극복하고 생태 위기의 원인을 사회 문제와 관련하여 접근하는 시도로서 사회생태학 이론을 수립한다. 사회생태학은 생태 위기를 해결하기 위해서는 인간이 살아가는 사회적 요인과 조건을 분석하는 것이 선행되어야 한다고 보는 이론이다. 북친은 "인간은 다양한 사회 안에 존재하므로 생태학적 문제와 깊게 관련될 수밖에 없다"라는 기본 전제하에 사회생태학이 "생태학적 관점에서 사회를 바라봤을 때 인간 사회는 결국 무엇인가?"라는 문제를 탐구한다고 설명한다. 이와 더불어 북친은 인간과 자연의 유기적 관계를 강조하며, 지배와 억압의 위계 구조를 넘어서 상보성의 윤리(ethics of complementarity)에 기초한 관계 형성의 중요성을 지적한다. 다시 말해, 사회생태학은 이상적인 생태 사회의 모습을 추구하기 위해 인간과 자연 혹은 인간 간의 상호 협력과 평등한 관계의 실현, 공동체적 삶의 비전을 제시한다. 이처럼 사회생태학은 이론 중심의 생태학에서 벗어나 생태 문제를 사회의 구조적 문제와 결부시켜 파악함으로써 생태학의 연구를 사회의 영역으로 확장하고, 생태 문제에 대해 보다 실천적인 해결 방법을 제안한다.

이 책에서 분석할 《물의 아이들》에 대한 생태학적 연구는 심층생태학과 사회생태학의 관점을 통합적으로 반영한다. 우선, 이 책은 심층생태학에서 바라보는 생태중심적 세계관과 깊이 관련된다. 이 세계관은 인간만이 중심이 되는 세계에서 벗어나 인간과 자연이 하나의 생태계 안에 함께 존재한다는 심층생태학적 사유에 기초한다. 이는 텍스트에서 인간의 시선에서 쉽게 간과되거나 무시되는 자연의 중요한 구성요소인 '물의 아이들'을 새롭게 인식하는 과정이다.[4] 이어서 이 책은 생태 문제를 단순히 생태적 차원의 문제로 보는 것이 아니라 이러한 문제가 사회적 구조와 어떻게 관련되어 있는지를 분석하는 사회생태학의 접근 방식을 병행한다. 즉,

---

4   특히 이 책의 제5장에서는 그간 인식되지 않았던 물속의 다양한 생명체의 생태를 재조명하고, 자연의 아름다움을 볼 수 있는 생태적 상상력에 집중한다.

생태 위기를 사회의 위기로 바라봄으로써 생태 문제의 이면에 존재하는 사회 문제, 가령 위계적 사회 구조, 계층 간의 갈등, 자원의 불평등도 논의한다.

생태비평

생태비평의 기원은 조셉 미커(Jeseph Meeker)가 1974년에 출간한 《생존의 희극》(The Comedy of Survival)에서 출발한다. 미커는 이 책에서 "문학 생태학은 문학 작품에 나타난 생물학적 주제와 관계들에 관한 연구이고," 인류 생태계에서 문학이 어떤 역할을 해왔는지를 발견하려는 시도라고 정의한다. 이어서 윌리엄 루커트(William Rueckert)는 1978년에 발표한 논문 〈문학과 생태학〉(Literature and ecology)에서 생태비평을 "생태학과 생태이론을 문학 연구에 적용하는 것"이라고 정의하고, 생태학이 학문으로서, 원칙으로서, 혹은 인간의 삶의 근본이 되는 것으로서 우리가 살아가는 세계의 현재와 미래에 깊은 영향을 준다고 말한다.

생태비평에 대한 최근의 논의에서 쉐릴 글롯펠티(Cheryll Glotfelty, 1958~)는 1996년에 발표한 논문 〈서론: 환경 위기 시대의 문학 연구〉(Introduction: Literary studies in an age of environmental crisis)에서 루커트가 정의한 생태비평의 범위를 확장해 생태비평이 '문학과 물리적 환경 사이의 관계에 관한 연구'로서, 환경을 다루는 모든 문학 작품이 생태비평의 범위에 들어간다고 정의한다. 이에 따라 비평가들은 자연이 작품에서 어떻게 표현되는지, 자연 글쓰기(nature writing)가 문학 장르로 특징지을 수 있는지, 인종, 계급, 젠더 이외에 장소(place)가 새로운 비평의 범주가 되어야 하는지, 황야(wilderness)의 개념은 어떻게 변해왔는지, 생태학이 문학 연구에 어떤 영향을 끼치는지 등의 다양한 질문을 제기한다. 글롯펠티는 생태비평이 광범위한 영역을 탐구하는 분야이긴 하지만 "모든 생태비평은 인간의 문화가 물리적 세계와 연결되어 있고, 그것에 영향을 미치고 또한 영향을 받는다는 근본적인 전제를 공유한다"라고 설명한다.

생태비평은 인간과 자연을 주체와 객체의 관계로 철저히 분리한 철학적 이원론(dualism)을 비판한다. 17~18세기의 사상적 기조가 된 르네 데카르트(René Descartes, 1596~1650)의 이성 중심적 사고와 합리주의적 세계관은 자연을 생명 없는 물건 혹은 기계의 부품처럼 여긴다. 이로써 이성과 정신을 지닌 인간이 단순히 물질에 불과한 자연을 지배하는 것이 당연시되었다. 데카르트와 프랜시스 베이컨(Francis Bacon, 1561~1626)의 과학적 방법론, 아이작 뉴턴(Isaac Newton, 1642~1727)의 물리학으로 대표되는 기계론적 세계관은 자연을 물질화하고 실험실의 도구처럼 해부한다. 그레고리 베이트슨(Gregory Bateson)은 1972년에 발표한 논문〈정신의 생태학으로 가는 걸음〉(Steps to an ecology of mind)에서 인간의 존재 위치에 대해 인간은 '물리학과 화학으로 구성된 우주에 대해 전적인 권한을 가진 전제군주'라고 지적한다. 따라서 자연은 세계를 지배하는 절대 권력을 지닌 인간 앞에서 자연의 주인이며 소유자인 인간을 위해 사용되는 대상으로 여겨질 수밖에 없었다.

이처럼 생태비평은 작품 속에 드러난 합리주의적 세계관과 이로 인한 인간과 자연 간 지배와 종속의 관계를 살펴본다. 즉, 문학 작품 내에서 자연을 단순한 기계 부품처럼 취급하고, 자연을 파괴하는 인간의 사고방식과 태도를 비판하며, 이를 통해 생태 인식의 중요성을 강조한다. 따라서 생태비평은 인간적 관점에서만 보았던 기존의 문학 텍스트를 다시 읽고, 그동안 무시했던 자연의 가치를 텍스트의 전면으로 끌어올리는 작업이다. 이 작업을 통해 생태비평은 자연을 인간과 분리하고 배제했던 인간중심적 사고를 해체하고, 비평의 관심 밖에 있었던 자연의 가치와 의미를 재조명한다.[5] 이 과정에서 기존의 문학 해석이 간과했던 자연의 역할과 의미가 새롭게 드러나게 된다.

생태비평은 단순히 환경 파괴의 위험성과 자연의 가치를 강조하는 것을 넘어 자연의 착취를 당연시하는 인간중심적 사고와 그에 따른 지배 이데올로기가 초래한 다양한 사회 문제를 집중적으로 조명한다. 초기 생태비평가들은 문학 텍스트를 생태학적 관점에서 해석할 때, 고전으로 여겨지는 텍스트가 자본주의, 산업화, 부르주아적 개인주의와 얼마나 깊게 연관되어 있는지를 재평가해야 한다고 강조한다. 이 비평은 제국주의적 사고로부터 비롯된 자연의 착취와 억압, 남성중심적 담론에서 나타나는 자연과 여성의 타자화, 그리고 계급 차별 등 지배 관계로 인해 발생한 문제를 비판적으로 검토한다. 이런 관점에서 생태비평은 문학 속에 나타난 인간과 인간, 인간과 사회, 인간과 기계, 인간과 동·식물, 인간과 물리적 환경의 상호작용을 재해석함으로써 대안적인 삶의 유형을 찾고, 이를 통해 그동안 차별받고 억압되어온 것을 드러낸다.

생태비평의 시각에서 이 책은 《물의 아이들》에 나타난 환경오염과 기술 문명의 부작용, 인간성의 상실, 노동 착취, 계층 간의 차별 등의 문제가 생태 인식의 결여로 인해 비롯된 것으로 간주하고, 사회의 분열과 계층 차별을 초래하는 지배적 이데올로기를 비판적으로 검토한다.

---

5 생태비평은 인간과 자연의 이분법을 해체하고 공존과 상생을 추구하려는 열망에 부응하려는 문학의 노력으로, 인간과 자연의 상호관계성을 논한다. 그간 영미권의 생태비평은 탈인간중심적 자연관을 보여주는 작품에 한정되었으나 최근 연구의 폭을 넓히며 도시 근교 자연 문학에도 관심을 보이고 있고, 아동문학의 생태중심적 발상이 재평가되면서 아동문학에 관한 생태비평의 연구도 주목받고 있다.

생태언어학

　에른스트 헤켈의 생태학이란 용어가 등장한 이후 1970년에 들어서 에이나르 하우겐(Einar Haugen, 1906~1994)은 1972년에 발표한 논문 〈언어의 생태학〉(Ecology of language)에서 생태학 용어를 언어학 연구에 도입한다. 하우겐은 언어생태학(language ecology)이 "기존의 언어 그리고 언어와 환경의 상호작용을 연구하는 것"으로서, 언어생태학의 한 부분은 심리학적이고 또 다른 부분은 사회학적이라고 주장한다. 심리학적인 것은 이중언어와 다국어 화자의 마음속에서 일어나는 다른 언어들과의 상호작용을 지칭하고, 사회학적인 것은 의사소통의 매체로 기능하는 언어와 사회의 상호작용을 뜻한다. 하우겐의 언어생태학에서 생태학은 역동적인 개념으로 상호관계, 소수민족의 언어, 언어 다양성의 미래를 연구한다.

　에이나르 하우겐에 이어 마이클 할리데이(Micheal Halliday)가 2001년에 발표한 논문 〈새로운 의미의 방법〉(New ways of meaning)은 생태언어학을 학문으로서 탄생시키는 중요한 토대를 제공한다. 할리데이는 응용언어학의 과제가 "현실의 문법적 구성을 해석하는 것"이라고 말하며, 우리가 사는 세계를 생태적으로 형성하기 위한 문법과 어휘의 선택을 강조한다. 또한 이분법적 논리를 구축하는 경제 개발의 담론, 가령 "성장은 좋은 것이다," "많은 것이 적은 것보다 낫다," "더 많은 것이 더 적은 것보다 낫다," "큰 것이 작은 것보다 낫다" 등의 언어 표현이 인간 이외의 종에게 파괴적 결과를 가져올 수 있다고 경고한다. 이처럼 할리데이는 언어학적 연구에서 생태계 파괴와 관련된 문제점을 강조한다.

　마이클 할리데이의 연구를 기점으로 언어학 연구는 사회적 맥락뿐만 아니라 환경적 상황도 고려하게 된다. 특히 생태학의 주요 개념으로 다루어진 환경과의 상호작용, 그리고 '관계성'은 언어학의 광범위한 분야에 유용하게 적용된다.[6] 더욱이 환경오염이 사회적으로 중요한 문제로 대두되면서 언어와 환경에 관한 연구는 더욱 활발히 진행된다. 이에 따라 1990년대 초 언어 연구를 생태학과 연결하려는 여러 언어학적 접근 방식이 통합되면서 생태언어학이라는 언어학의 분과가 설립된다. 생태언어학은 생태학적 논제를 언어학의 관심사와 새롭게 결합하며 학제적 관련성을 만들어나갔고, 이로써 생태언어학의 연구 분야는 더욱 다양한 방향으로 뻗어나가게 된다.[7]

생태언어학에 관한 다양한 논의와 접근 방식이 존재하지만, 이 책은 애런 스티베의 생태언어학적 방법론을 기반으로 한다. 왜냐하면 스티베의

---

[6] 레온 판 리르(Leo van Lier)는 생태언어학이 언어 사용과 언어가 사용되는 세계 사이의 '관계성'을 연구한다고 설명하며 이를 네 가지 방식으로 검토한다. 언어와 물리적 환경의 관계성, 언어와 사회문화적 환경의 관계성, 둘 또는 그 이상의 언어 간의 관계성 즉, 언어의 다양성, 학습자와 학습 환경의 관계성이 그런 분류이다. 관계성을 중심으로 한 생태언어학 연구는 다양한 형태를 반영하며 언어와 물리적·사회적 환경의 관계를 넘어 언어 간의 관계성, 언어학습 환경의 생태적 양상을 아우르는 포괄적 접근법을 제시한다.

[7] 생태언어학의 학제성을 바탕으로 스테펜슨과 필(Steffensen & Fill)은 2014년에 발표한 논문 〈생태언어학: 최신 동향과 미래의 지평〉(Ecolinguistics: The state of the art and future horizons)에서 생태언어학을 네 가지로 분류하여 언어의 근본 의미와 언어와 환경 사이의 상호작용을 밝히고자 했다. 그들이 분류한 생태학의 네 가지 접근 방식은 언어의 상징생태학(symbolic ecology of language), 언어의 자연생태학(natural ecology of language), 언어의 사회문화생태학(sociocultural ecology of language), 언어의 인지생태학(cognitive ecology of language)이다. 상징생태학은 언어들의 공존, 자연생태학은 언어와 자연환경의 관련성, 사회문화생태학은 언어와 사회적·문화적 환경의 관련성, 인지생태학은 인지 능력과 생태를 융합시키는 역학을 추구한다. 특히 자연생태학과 관련하여 현대의 생태언어학자들은 "언어적 패턴이 말 그대로 지구의 다른 종뿐만 아니라 인간 종의 생존과 안녕에 영향을 미치는가?"라는 언어와 생태학의 상호작용에 대한 핵심적 질문을 제기한다.

생태언어학은 특정한 언어학적 연구 방법에만 국한되지 않기 때문이다. 그의 연구는 언어학, 인지과학, 문학, 철학 등의 다양한 이론을 토대로 포괄적인 접근 방법을 제안한다. 스티베는 생태언어학이 사람들이 세상에 대해 생각하고, 세상을 다루는 방식에 영향을 주는 언어의 일반적인 유형을 탐구하는 것으로, 우리의 행동에 영향을 미치는 정신적인 모형인 '삶으로서의 이야기(story we live by)'를 연구하는 것이라고 설명한다. 이때 삶으로서의 이야기는 다양한 사람들이 생각하고 대화하고 행동하는 방식에 영향을 미치는 인지 구조(cognitive structure)를 나타낸다. 여기서 스티베는 언어가 우리의 사고와 인지에 큰 영향을 끼친다는 인지언어학의 관점을 바탕으로 언어의 올바른 선택과 사용이 사람들의 태도와 행동에 변화를 가져올 수 있다고 강조한다. 따라서 언어가 자연의 내재적 가치를 부각할 때 우리는 자연을 하나의 존재로서 인식하게 된다. 반면 언어가 자연의 효용성만을 강조할 때는 자연을 단순히 물질적인 대상으로 취급해버린다.

언어가 우리의 인식과 관련된 철학적 가치를 형성한다는 관점에서 앨윈 필과 헤르미네 펜즈(Alwin Fill & Hermine Penz)는 2018년에 엮은 단행본 《생태언어학의 라우틀리지 핸드북》(The Routledge Handbook of Ecolinguistics)에서 생태언어학을 '정통 언어학을 넘어서는 초학제적 학문으로 보고, 상호작용과 조화를 추구하는 철학적 관점에서의 접근'을 제안한다. 그들은 미래의 생태언어학 연구에 있어서 살아있는 존재와 환경 간의 상호의존성을 강조하는 세계 각지의 철학적 전통을 포함해야 한다라고 주장한다. 이와 관련하여 원주앤 조우(Wenjuan Zhou)는 2017년에 발표한 논문 〈생태언어학〉(Ecolinguistics)에서 생태언어학의 철학적 접근이 생태 위기를 해결하는 데 필요한 도덕적·윤리적 틀을 제공해준다고 설명한다. 조우는 근본적인 조화와 화합을 중요시하는 철학적 가치가 언어로 하여금 의사소통뿐만 아니라 도덕적·미적·과학적·기술적 요구를 충족시키도록 하는 것, 그것이 바로 미래의 '조화로운 생태언어학'을 구현시키는 방법이라고 주장한다.[8]

인간과 자연의 관계에 대한 깊은 철학적 가치를 반영하는 미래 생태언어학의 발전적 흐름에 따라, 이 책은 애런 스티베의 생태언어학적 접근법을 활용하여 《물의 아이들》에 나타난 '삶으로서의 이야기'가 언어적으로 구현되는 방식과 그 안에 담긴 생태철학적 의미를 분석한다.

1.2 인지적 접근법

개념적 은유

은유는 주로 문학에서 일상 언어와 구분되는 수사학적 기법으로 다루어졌다. 그러나 인지언어학적 방법론에 따르면, 은유란 모든 언어에 보편적으로 나타나는 현상으로서 인간의 사고와 행동 방식, 경험 등을 구조화하는 사고체계로 간주된다. 레이코프와 존슨(Lakoff & Johnson)은 1980년에 출간한 책 《삶으로서의 은유》에서 인간의 사고체계가 은유적 구조로 되어 있다고 지적하며, "은유의 본질은 한 종류의 사물을 또 다른 것의 관점에서 이해하고 경험하는 것"이라고 정의한다. 레이코프와 존슨이 말하는 은유는 어떤 개념을 다른 개념을 통해 이해하는 것으로서, 근원영역(source domain)과 목표영역(target domain) 사이를 사상(mapping)하는 것

---

8   원주앤 조우는 생태적 세계관을 형성하는 데 있어 언어와 정신의 조화가 필요하며, 그것은 자연과 사회, 모든 생명체의 연대를 통해 구체화된다고 강조한다.

이다. 이때 근원영역은 목표영역을 이해하기 위한 구체적 개념이고, 목표영역은 근원영역을 통해 우리가 이해하고자 하는 추상적 개념이다. 레이코프와 존슨이 생각하는 은유는 수사학적 영역이 아니라 사고의 개념적 체계에서 일어나는 작용인 개념적 은유(conceptual metaphor)이다.

개념적 은유에는 근원영역과 목표영역 사이에 체계적인 대응이 있다. 이는 근원영역을 구성하는 개념적 요소가 목표영역의 요소와 대응한다는 것을 뜻한다. 이러한 개념적 대응은 사상이라고 부른다. 우리는 흔히 사랑이라는 추상적 개념에 관해 이야기하고 생각할 때 여행이라는 구체적인 개념을 활용한다. 가령, "우리는 더는 진전될 것 같지 않다", "우리의 관계는 허우적대고 있다", "우리의 사랑은 험난한 길이었다", "우리의 관계는 많이 진전되었다", "우리는 갈림길에 서 있다"와 같은 일상적인 은유 표현은 모두 우리의 마음속에 고착된 **사랑은 여행이다**라는 개념적 은유를 바탕으로 한다. 이러한 은유 표현이 이해되는 방식은 다음과 같이 근원영역의 요소와 목표영역의 요소 사이의 대응, 즉 사상으로 나타낼 수 있다.

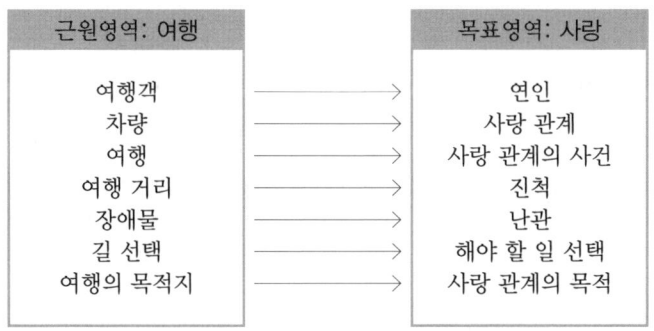

사랑은 여행이다의 은유적 사상

이러한 은유적 사상에는 몇 가지 특징이 있다. 가격은 공간적 높이와 사상되어 '높거나' '낮을' 수 있고, 로맨스는 온도와 사상되어 '뜨겁거나 차가울' 수 있으며, 논쟁은 힘과 사상되어 '약하거나 강력할' 수 있다. 이 각각에서 추상적 실체(가격, 로맨스, 논쟁)인 목표영역은 감각(높이, 온도, 힘)이라는 구체적인 근원영역에 의해 기술된다.

은유적 사상의 첫 번째 특징은 비대칭성(asymmetry)이다. 즉, 사람들은 일반적으로 건물의 높이를 기술하기 위해 "그 고층 건물은 비싸다"라고 말하지 않고, 따뜻한 온도를 암시하기 위해 "오늘 날씨는 열정적이다"라고 말하지 않는다.

두 번째 특징은 체계성(systematicity)이다. 목표영역 속의 상대적 값은 근원영역 속의 상대적 값으로 사상된다. 이러한 체계적인 사상은 은유에 추론적 힘을 제공한다. 공간에서 두 지점의 상대적 높이에 대한 추론은 목표영역에서 두 가격의 상대적 높이에 대한 추론을 지지할 수 있다.

세 번째 특징은 생산성(productivity)이다. 어떤 주어진 근원영역과 목표영역 사상의 새로운 실례는 즉석에서 만들어지고, 쉽게 이해된다. 예를 들어, "그들의 로맨스는 끓고 있다"라는 말은 전에 들어본 적이 없지만, 이 표현은 **열정은 열이다**라는 개념적 은유의 실례로 이해할 수 있다.

네 번째 특징은 근원영역과 목표영역 간 사상의 부분성(partiality)이다. 개념적 은유 **사랑은 여행이다**에서는 은유적 사상이 마치 전체적으로 이루어지는 것처럼 느껴지지만 사실은 부분적 사상(partial mapping)이다. 졸탄 쾨브체시(Zoltán Kövecses)는 2010년에 출간한 《은유》(Metaphor)에서 은유의 부분적 사상을 두 가지로 나누어 설명한다. 하나는 목표영역에 적용되는 은유적 전경화(metaphorical highlighting)이고, 다른 하나는 근원영역에 적용되는 은유적 활용(metaphorical utilization)이다.

은유적 전경화는 은폐(hiding) 과정과 함께 작동한다. 목표영역의 한 개념에는 여러 가지 양상이 있고, 특정한 개념적 은유가 하나의 양상에 초점을 두면 다른 양상은 초점을 받지 않고 은폐된다. 예시로 논쟁 은유를 몇 가지 살펴보자. 논쟁에 관해 이야기할 때 다양한 개념적 은유가 사용된다. 논쟁은 그릇이다(가령, "당신의 논증은 별로 '내용'이 없다"), 논쟁은 여행이다(가령, "우리는 혼란스러운 결론에 '도달했다'"), 논쟁은 전쟁이다("나는 그와 논쟁해서 한 번도 '이긴 적이' 없다"), 논쟁은 건물이다("그는 '견고한' 논증을 '세웠다'")가 그러한 개념적 은유이다. 이 각각의 개념적 은유는 목표영역인 논쟁에 대한 다양한 양상 중에서 특정 양상을 전경화한다. 그릇 은유는 논쟁의 내용과 근본성을 전경화하고, 여행 은유는 논쟁의 진척과 내용에 초점을 두며, 전쟁 은유는 논쟁의 통제권을 누가 가졌는지의 문제에 초점을 두고, 건물 은유는 논쟁의 구조와 세기의 양상에 초점을 둔다. 이러한 은유는 논쟁의 특정한 양상에 초점을 두면서 동시에 다른 양상은 은폐한다. 예를 들어, 그릇 은유는 논쟁의 내용과 근본성의 양상에 초점을 둠과 동시에 논쟁의 진척, 통제, 구조, 세기와 같은 다른 양상은 은폐한다.

은유적 활용이란 한 목표영역을 이해할 때 근원영역의 특정 양상만 활용하는 것이다. 이론은 건물이다라는 개념적 은유를 예로 들어보자. 이 개념적 은유가 어떻게 은유적 활용이라는 부분적 사상으로 작용하는지를 보기 위해 근원영역인 건물의 인지모형을 제시할 필요가 있다.

양상	내용
정의	건물은 구조물이다.
외적 구조	a. 건물에는 지붕이 있다 b. 건물에는 현관이 있다 c. 건물에는 방이 있다 d. 건물에는 계단이 있다 e. 건물에는 창문이 있다 f. 건물에는 벽이 있다 g. 건물에는 수도관이 있다
내적 구조	a. 건물에는 토대가 있다 b. 건물에는 외부 뼈대가 있다
속성	건물은 파괴되거나 무너질 수 있다

건물 인지모형

건물 인지모형은 건물에 대한 우리의 경험으로 구축된다. 이 인지모형을 바탕으로 이론에 관해 이야기할 때, 이 전체가 **이론**의 목표영역으로 사상되는 것은 아니다. 이 인지모형은 여러 양상으로 구성되어 있으며, 이 중에서 특정 양상만 활용되어 목표영역으로 사상된다. 예를 들어, "그 이론은 더 많은 '뒷받침'을 필요로 한다"는 건물 인지모형 중에서 내적 구조 (a)를 활용하여 생성되고 이해된다. "지금까지 우리는 그 이론의 '틀'만 세웠다"는 내적 구조 (b)를 활용한다. "우리는 그것에 대해 '강한' 논증을 '세울' 필요가 있다"는 건물 인지모형의 정의 부분을 활용하고, "그의 논증은 '무너졌다'"는 건물 인지모형의 속성 부분을 활용한다. 이처럼 건물 인지모형 중에서 건물의 정의, 내적 구조, 속성이라는 양상만이 이론을 이해하는 데 사용되는 부분이고, 나머지 부분은 사용되지 않고 있다. 그리고 목표영역의 은유적 전경화가 부분적인 것처럼, 근원영역의 은유적 활용도 부분적이다.

개념적 혼성

개념적 혼성 이론은 질 포코니에(Gilles Fauconnier)와 마크 터너(Mark Turner)가 개발한 인지과학의 한 이론이다. 개념적 혼성은 일반적으로 두 개의 입력 지식구조인 정신공간(mental space)을 포함하고, 이 정신공간들은 사상(mapping)과 투사(projection)를 통해 혼성공간이라는 제3의 정신공간을 생성한다. 이 혼성공간은 입력공간들에서 나온 부분적 구조를 유지하면서 그 자체의 발현구조를 추가한다. 포코니에와 터너는 다양한 인지적 현상을 설명하기 위해 개념적 혼성을 제안한다. 이 이론은 2002년에 출간된 단행본 《우리는 어떻게 생각하는가》(The Way We Think)에서 심도 있게 다루어진다. 이 책에서 그들은 '인지적으로 현대 인간의 본질과 기원'을 설명하기 위한 틀을 제안한다.

개념적 혼성의 작동 원리와 지배 원리가 이끌어나가는 중요한 목표가 있다. 개념적 혼성의 주된 인지적 기능이기도 한 그 목표는 '인간 척도(human scale)를 달성하라'는 것이다. 이 목표는 인간 척도와 어울리는 상면을 창조하는 것이다. 인간 척도란 인간이 활동하는 데 알맞은 공간이나 사물의 크기, 즉 인간의 크기를 기준으로 삼은 척도를 가리키는 건축 용어이다. 인간이 생각하고 이야기하고 행동하는 것 중 많은 것은 너무 작거나 너무 커서 우리의 평범한 경험의 범위와 적절히 일치하지 않는 시간과 공간의 척도에서 작용한다. 인간은 자기 몸의 크기와 비슷한 것에서 친근함을 느끼고 쉽게 이해하고 사용할 수 있으므로, 사람 몸의 크기와 길이를 기준으로 척도를 만드는 것이다. 이러한 큰 목표에는 몇 가지 하위목표가 있다. '산만한 것을 압축하라', '총체적 통찰력을 달성하라', '중추적 관계를 강화하라', '이야기를 만들어내라', '다수에서 하나로 진행하라'가 그것이다.

개념적 혼성의 기본 원리는 본래부터 산만한 것을 압축(compression)하고, 본래부터 응축된 것을 탈압축(decompression)하는 것이다. 개념적 혼성의 압축 작용이 어떤 것인지 이해하기 위해 아버지가 어린 딸에게 식탁 위에 올라와 있는 농산물을 사용해서 복잡하고 추상적인 태양과 지구의 관계를 설명하는 다음과 같은 상황을 고려해 보자. "이 오렌지는 지구이고, 이 사과인 태양 주변을 이렇게 회전한다." 여기에서는 **농산물** 정신공간과 **행성** 정신공간의 정신망(mental web)[9]이 구축되고, 이러한 정신공간은 생산적으로 정렬되고 순간적으로 혼성된다. 즉, 너무 광대해서 우리의 경험에서 이해하지 못하는 행성 간의 관계를 우리가 쉽게 경험하고 이해할 수 있는 인간 척도의 수준으로 압축하여, 기본적인 인간 경험으로부터 쉽게 얻을 수 없는 관계를 구체적이게 만들 수 있다.

이와 동일한 기본적인 작용은 다음 설명에서처럼 탈압축의 목적으로도 사용된다. "이 오렌지는 전자이고, 이 사과인 원자핵 주변을 회전한다." 여기에서 식탁 위에 있는 농산물은 원칙상 맨눈으로 보이는 세계에 사는 사람에게는 이용할 수 없는 관찰과 경험 방식을 폭발적으로 불어나게 하는, 즉 탈압축하는 친숙한 수단이 된다.[10]

압축과 탈압축은 개념적 혼성 과정의 핵심 부분으로서, 본래 예측 불가능하고 비결정적이긴 하지만 규칙적이고 일상적인 개념적 연결에 따라 작동한다. 정신망에는 이러한 많은 개념적 연결이 있다. 가장 빈번하고 중요한 정신적 연결은 중추적 관계(vital relation)라고 부른다. 시간

---

9 정신망이 혼성공간을 포함할 때, 그것은 종종 개념적 통합망(conceptual integration network)이나 혼성망(blending network; blending web)이라고 부른다.
10 이해의 대상이 되는 '전자'와 '원자핵'과 같은 개념들로 사상되고 그것과 융합될 농산물 공간의 요소들은 실세계의 사물로서 의사소통의 상황에 존재하기 때문에 물리적 고정장치(material anchor)라고 부른다.

(Time), 공간(Space), 동일성(Identity), 변화(Change), 원인-결과(Cause-Effect), 부분-전체(Part-Whole), 유사(Analogy), 비(非)유사(Disanalogy), 표상(Representation), 특성(Property), 유사성(Similarity), 범주(Category), 의도성(Intentionality), 특이성(Uniqueness)이 그러한 중추적 관계이다. 예를 들어, 아버지가 딸에게 하는 두 번째 설명에서 물리적 고정장치 혼성은 오렌지와 사과 사이에 새로운 부분-전체 관계를 창조한다. 이 관계는 **농산물** 입력공간에서는 존재하지 않지만, 화자가 그 정신망을 구성하고 나면 가능하게 되는 유사와 표상에 의존하는 관계이다. 이러한 관계는 정신공간의 정신망에서 요소들과 관계들 간의 정신공간 연결을 위한 기초를 제공한다. 아버지가 딸에게 하는 첫 번째 설명과 두 번째 설명에서 지구/전자를 위해 오렌지를 선택하고, 태양/원자핵을 위해 사과를 선택하는 것은 특성 '회전타원체'와 상대적 크기에 의해 동기화되어, 더 작은 오렌지는 실증적으로 '더 큰' 태양과 원자핵이라는 유추적 상관물로의 사상에 대한 적절한 예를 보여준다. 과일과 행성은 유사성에 의해 사상되어 혼성공간에서 특이성으로 압축된다. 이 혼성공간에서 현시점에서의 한 실체는 우주공간이나 미시세계 속에 있는 영역을 대표한다. 이와 관련해 농산물이 행성/원자 부분을 나타내도록 하는 혼성공간의 기초는 '모양'의 상정된 유사성을 활용한다.

질 포코니에와 마크 터너가 1994년에 〈개념적 투사와 중간 공간〉(Conceptual projection and middle spaces)이라는 논문을 통해 발표한 개념적 혼성 이론은 인지과학자뿐만 아니라 철학, 심리학, 인류학 등 다양한 분야의 연구자에게 학문적 관심을 고조시켰다. 그 후 많은 공동 논문을 통해 두 사람은 다양한 학문 분야와 사회문화적 환경에 나타나는 갖가지 예를 이용해 이 이론의 기본 원리를 폭넓게 설명했다. 그 결과, 2002

년에 수많은 사람들의 관심과 기대를 모은 《우리는 어떻게 생각하는가》를 세상에 펴냈다. 개념적 혼성 이론의 기본 원리는 어찌 보면 아주 간단하다. 사람들이 서로 다른 지식과 경험 영역에서 끄집어낸 정보를 통합함으로써 어떤 것을 개념화한다는 것이 기본 원리이기 때문이다. 그래서 이론 자체로는 전혀 새로운 것이 없다. 예전 요소를 결합하여 새로운 것을 창조한다는 생각은 초현실주의의 주창자이자 프랑스의 시인인 앙드레 브르통(Andre Breton, 1896~1966)과 같은 초현실주의자가 오래전에 이론화하고 실행한 콜라주 원리를 연상시키고, 러시아의 발명가인 세르게이 에이젠슈테인(Sergej Eisenstein, 1898~1948), 러시아의 영화감독이자 배우인 프세볼로트 푸도프킨(Vsevolod Pudovkin, 1893~1953)과 1920년대 러시아 영화 제작자들이 흥미진진하게 사용한 몽타주 기법을 상기시킨다. 그런데 포코니에와 터너가 주창한 개념적 혼성 이론의 놀라운 점은 그러한 혼성이 천재적인 예술가의 활동에만 있는 것이 아니라 우리의 일상 사고의 본질임을 입증한 점이다. 더 나아가 개념적 혼성 이론은 서로 다른 매체나 분야에 존재하는 많은 혼성물을 동일한 메커니즘으로 다채롭게 분석할 수 있으면서도 매력적일 만큼 간단한 모형까지 구축하고 있다는 장점이있다.

개념적 혼성 이론은 우리 인간의 마음이 이질적인 정보를 놀라울 정도로 얼마나 잘 통합하는지를 보여주는데 있어 유용한 모형을 제공한다. 그뿐만 아니라 그러한 통합이 어떻게 은유, 반(反)사실문, 언어유희, 수학 계산법처럼 일반적으로 확연히 다르다고 생각하는 많은 현상에서 동일하게 작용하는지를 설명해 준다. 개념적 혼성은 인간 상상력의 중심에 있으며, 우리가 생각할 때마다 아주 은밀히 작용하는 인지 과정이다. 오늘날 우리 인간이 다른 종에 비해 우월한 존재로 자리매김하고 있는 것도 이러한 개념적 혼성을 운용할 수 있는 인간의 정신적 능력 덕분이다. 개념적 혼성은 다양한 인간 업적의 토대가 되는 창의성을 수반하고 그 실현을 돕는다. 개념적 혼성은 언어, 예술, 종교, 과학 등의 핵심이며 동시에 일상 사고에도 필수적이다. 거미 항문에서 나오는 실은 얼핏 보면 한 가닥 같지만 수많은 가닥으로 되어 있다. 바로 그 한 가닥의 실이 쫙 펼쳐져서 그물을 만들듯, 우리의 생각은 하나로부터 수많은 것으로 퍼져나가고 수많은 것을 하나로 다시 모은다. 우리가 언제 어디서 보고 느낀 것이든 우리의 모든 생각은 상상력의 작용으로 그 크고 작음, 높고 낮음, 넓고 좁음, 깊고 얕음을 가리지 않고 서로 뒤섞이고, 새로운 생각으로 재탄생한다. 그것이 바로 개념적 혼성의 힘이다.

개념적 혼성은 일련의 비합성적인 개념적 통합의 과정으로서, 그 과정에서 발현구조를 생산하기 위해 의미구성을 위한 상상력이 환기된다. 더 구체적으로 말하면, 개념적 혼성은 입력공간의 구축을 포함해서, 입력공간들 간의 공간횡단 사상 및 입력공간에서부터 혼성공간으로의 투사를 포함하는 강력한 인지 과정이다.

포코니에와 터너는 공간횡단 사상, 혼성공간으로의 선택적 투사, 혼성공간에서 발현구조의 생성 같은 개념적 혼성의 구조적·동적 원리를 개념적 혼성의 구성 원리(constitutive principle)라고 부른다.

개념적 혼성이 발생할 때 충족되어야 하는 몇 가지 조건이 있다. 첫째는 공간횡단 사상(cross-space mapping)이다. 공간횡단 사상이란 입력공간들 사이의 체계적인 대응(correspondence)을 말한다.

둘째는 총칭공간(generic space)이다. 총칭공간은 입력공간들이 공유하는 추상적 구조와 조직을 반영하는 포괄적인 구조이다. 더욱이 총칭공간은 입력공간들 사이의 공간횡단 사상을 한정해 준다. 총칭공간은 각 입력공간과 사상된다. 즉, 총칭공간에 있는 각 요소는 입력공간들에서 쌍을 이룬 대응요소에 사상된다.

셋째는 혼성공간(blended space)이다. 혼성공간은 입력공간$_1$과 입력공간$_2$가 선택적으로 투사되어 형성되는 정신공간이다. 혼성공간에는 총칭공간에서 포착되는 총칭적 구조뿐만 아니라 총칭공간보다 더 특이한 구조가 들어 있고, 입력공간에 없던 구조가 형성될 수도 있다.

넷째는 발현구조(emergent structure)이다. 혼성공간에는 입력공간에 없던 발현구조가 생성된다. 이것은 합성(composition), 완성(completion), 정교화(elaboration)라는 세 가지 방식으로 가능하다. 가장 직접적인 과정인 합성은 각 입력공간의 내용물을 혼성공간으로 투사하는 것을 가리킨다. 즉, 합성은 결국 투사이다. 완성은 입력공간들에서 투사된 구조가 장기기억에 들어 있는 정보와 조화를 이룰 때 환기되는 특정 패턴을 혼성공간에서 채운다. 정교화는 혼성공간에서 일어나는 사건에 대한 가장된 정신적 수행으로서, 우리는 이것을 무한히 계속할 수도 있다.

개념적 혼성 이론에서 가장 두드러진 공간은 발현구조가 창조되는 혼성공간이다. 혼성공간은 입력공간의 요소들이 선택적으로 투사되어 만들어진다. 그리고 선택적 투사(selective projection)는 입력공간들 사이의 공간횡단 사상에 의해 가능하고, 공간횡단 사상은 다시 총칭공간 때문에 가능해진다. 즉, 총칭공간은 공간횡단 사상의 전제조건이 되고, 공간횡단 사상은 선택적 투사의 전제조건이 된다. 이처럼 입력공간, 혼성공간, 총칭공간은 밀접하게 연결된 망을 형성한다. 이러한 망은 개념적 통합망(conceptual integration network)이라고 부른다. 개념적 통합망은 다음과 같이 나타낼 수 있다.

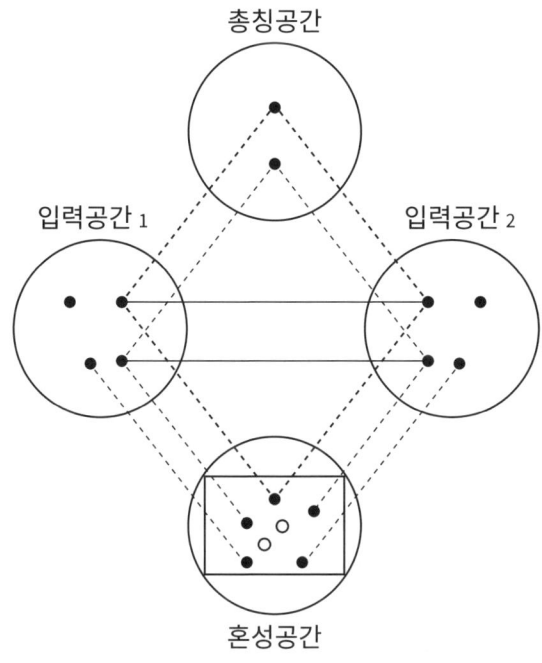

개념적 통합망

입력공간$_1$과 입력공간$_2$ 사이의 공간횡단 사상은 실선으로 표시하고, 각 입력공간의 요소들 모두가 사상되는 것은 아니라는 점에서 사상은 '부분적'이다. 입력공간들 사이의 공간횡단 사상은 입력공간에 공통된 총칭공간에 의해 가능하다. 공간횡단 사상에 의해 연결된 요소들은 다시 혼성공간으로 투사되며, 투사는 점선으로 표시된다. 입력공간의 요소 모두가 혼성공간으로 투사되는 것은 아니라는 점에서 투사는 '선택적'이다. 더욱이 입력공간의 요소가 혼성공간에서 융합되기도 하고 융합되지 않기도 한다. 마지막으로, 혼성공간에는 입력공간에서 투사되지 않는 새로운 요소가 형성되어 발현구조가 창조된다. 이는 네모 상자로 표시된다. 네모 상자 안의 흰색 점은 혼성공간에서 창조된 요소를 나타낸다.

"프랑스였다면, 빌 클린턴은 모니카 르윈스키와의 관계로 인해 피해를 보지 않았을 것이다"라는 예를 사용해 개념적 혼성의 작용 방식을 살펴보자. 이 문장은 프랑스라면 클린턴이 르윈스키와의 관계로 인해 정치적으로 피해를 보지 않는다는 것을 뜻한다. 이러한 의미가 구성되기 위해서는 두 개의 입력공간이 필요하다. 입력공간$_1$은 클린턴, 르윈스키, 그들의 관계가 들어 있는 미국 정치 프레임에 의해 구조화된다. 입력공간$_2$는 프랑스 정치 프레임에 의해 구조화된다. 총칭공간에는 [나라], [대통령], [시민], [성 파트너]가 있다. 혼성공간에는 빌 클린턴, 모니카 르윈스키는 물론이고 프랑스 대통령, 프랑스 대통령의 정부(情婦)라는 역할도 있으며, 클린턴과 르윈스키는 각각 대통령과 정부의 역할로 매치된다. 혼성공간을 구조화하는 프레임은 미국 정치가 아닌 프랑스 정치이다. 따라서 혼성공간에서 클린턴은 혼외정사로 인해 정치적으로 피해를 보지 않는다는 결론이 나온다. 이 예의 의미구성을 위한 개념적 통합망은 다음과 같이 나타낼 수 있다.

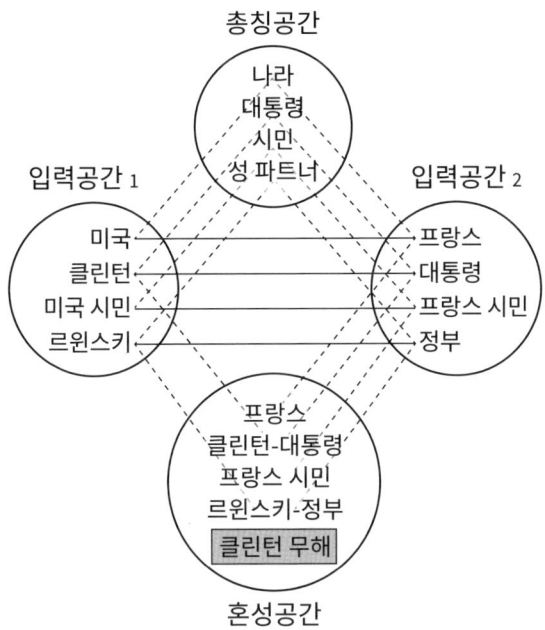

"클린턴은 프랑스 대통령이다"의 개념적 통합망

　위의 개념적 혼성망에서 두 입력공간의 각 요소는 서로 사상된다. 그다음 [미국]이 아닌 [프랑스]가 혼성공간으로 투사되어 정치적 배경으로 설정된다. 이러한 프랑스에서는 클린턴이 르윈스키를 정부로 데리고 있고, 그녀와 혼외정사를 하더라도 정치적인 해를 입지 않는다. 이러한 사실은 두 입력공간에서는 없는 내용으로서, 혼성공간에서는 [클린턴 무해]라는 새로운 사실이 추가된 발현구조가 구축된다. 이처럼 개념적 혼성은 새로운 의미가 구성되는 방식을 명시적으로 보여준다.

범주화 체계

인간을 포함한 모든 동물에게는 범주화(categorization)의 능력이 있다. 예를 들어, 동물은 식량을 먹을 수 있는 것과 먹을 수 없는 것으로 범주화하고, 주위 환경을 해로운 것과 해롭지 않은 것으로 범주화해야 한다. 이처럼 동물에게 있어 범주화는 생존의 문제와 직결된다. 우리 인간은 극히 미세한 것에서부터 일반적인 것에 이르기까지 무수히 많은 범주를 창조하고 그 범주와 상호작용한다. 더욱이 새로운 경험을 수용하기 위해 기존의 범주를 수정하고 필요에 따라 새로운 범주를 창조할 수 있다는 점에서 인간의 범주화는 유연하다. 우리 인간의 경우에 사물과 사건에 대한 범주화는 대부분 무의식적으로 행해지고, 더 나아가 매우 빠른 인지 과정이기도 하다.

인간 마음속에는 범주 형성을 통제하는 두 가지 기본 원리가 있다. 첫째는 인지적 경제성의 원리(principle of cognitive economy)이다. 이 원리에 따르면, 사람들은 경험하는 모든 자극의 개별 정보를 저장한다기보다는 유사한 자극들을 범주로 분류하여, 인지적 표상에서 경제성을 유지한다. 둘째는 지각된 세계 구조의 원리(principle of perceived world structure)이다. 우리 주위 세계는 상관적 구조(correlational structure)를 하고 있다. 예를 들어, 날개는 모피나 물속에서 숨을 쉴 수 있는 능력보다는 깃털이나 날 수 있는 능력과 함께 더 빈번하게 상기된다. 이처럼 인간은 범주를 형성하고 조직하기 위해 이러한 상관적 구조에 의존한다.

이 두 가지 원리는 함께 인간의 범주화 체계(categorization system)를 발생시킨다. 인지적 경제성은 범주가 형성되는 포괄성의 층위와 관련이 있고, 상관적 구조는 형성된 범주의 대표성이나 원형 구조와 관련이 있다. 엘레노어 로쉬(Eleanor Rosch)는 이것으로 수평 차원과 수직 차원을 가진 범주화 체계가 발생한다고 설명한다.

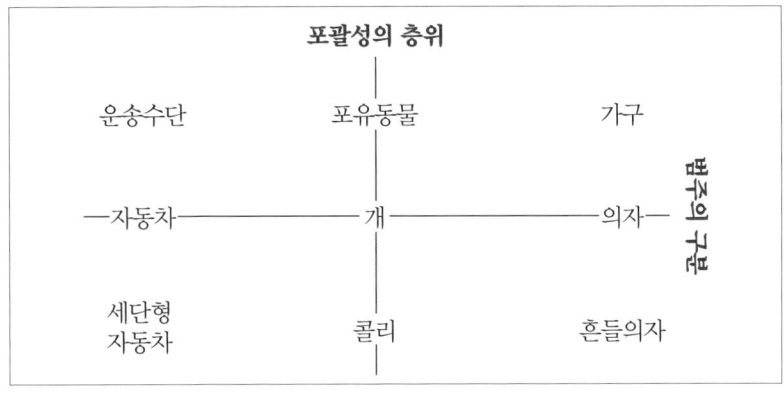

범주화 체계

수직 차원은 특정 범주의 포괄성 층위와 관련이 있다. 따라서 특정 범주는 수직축 상에서 더 상위에 있을수록 더 포괄적이다. 이에 반해, 수평 차원은 같은 포괄성 층위에서 범주의 구분과 관련이 있다. 예를 들어, 개와 **자동차**는 구분되는 범주이지만 같은 상세성의 층위에서 작용한다.

① **수직 차원**

로쉬와 동료들은 1976년에 실시한 연구에서 수직 차원이 범주를 포괄성 층위에서 구분할 수 있다는 결과를 제시한다. 포괄성은 무엇이 특정 범주 아래에 있는지와 관련이 있다. 범주 **가구**는 **의자**보다 더 포괄적인데, 왜냐하면 전자는 의자 외에 책상과 탁자 같은 실체도 포함하기 때문이다. 이와 마찬가지로, 의자는 흔들의자보다 더 포괄적이다. 로쉬와 동료들은 최적의 인지적 경제성을 제공한다는 점에서 인간에게 최적인 포괄성 층위가 있다는 것을 발견했다. 이러한 포괄성 층위는 중간 층위로서, 이는 **자동차**, 개, 의자 같은 범주와 연관되는 층위이다. 이러한 포괄성 층위를 기본층위(basic level)라고 부르고, 이 층위에 있는 범주를 기본층위 범주(basic-level category)라고 부른다. 수직축에서 상세하지 않은 것을 제공하는 상위의 범주는 상위층위 범주(superordinate category)라고 부르고, 더욱 상세한 것을 제공하는 하위의 범주는 하위층위 범주(subordinate category)라고 부른다. 이것은 다음 표로 예증된다.

상위층위	기본층위	하위층위
가구	의자	부엌 의자 응접실 의자
	탁자	부엌 탁자 응접실 탁자
	램프	마루 위에 놓는 램프 책상 위에 놓는 램프

포괄성의 층위에 따른 범주의 분류

로쉬와 동료들은 사람들이 범주에 대한 평범한 속성을 가장 잘 기재할 수 있는 층위가 기본층위라는 것을 발견했다. 이를 검토하기 위해 로쉬와 동료들은 실험대상자들에게 90초를 주고 특정 분류법에 기재된 개별 항목에 대해 그들이 생각할 수 있는 모든 속성을 기재하도록 했다. 다음은 로쉬가 사용한 분류법이다.

상위층위	기본층위	하위층위	
도구	망치 톱 드라이버	볼핀 해머 쇠톱 필립스 드라이버	장도리 횡단톱 레귤러 드라이버

의복	바지	리바이스	이중 편물 바지
	양말	무릎 양말	발목 양말
	셔츠	예복용 와이셔츠	뜬 셔츠
가구	탁자	부엌 탁자	응접실 탁자
	램프	마루 위에 놓는 램프	책상 위에 놓는 램프
	의자	부엌 의자	응접실 의자

속성 식별을 위한 분류법

다음 표는 실험대상자들이 상위층위 범주에 대해 최소한의 공통 속성만을 제공할 수 있었다는 사실을 예증해 준다. 이와 대조적으로, 기본층위 범주는 많은 속성을 공유하고, 하위층위 범주는 이보다 약간 더 많은 속성을 가지고 있다.

도구	의복	가구
물건을 만듦	입기	속성 없음
물건을 고침	따뜻하게 해줌	
금속		의자
	바지	다리
톱	자락	좌석
손잡이	단추	등받이
이 모양	벨트 고리	팔걸이
날	호주머니	편안함
날카로움	옷	다리 네 개
절단	자락 두 개	목재
나무 손잡이		위에 앉기
	리바이스	
횡단톱	파란색	부엌 의자
공사에서 사용		추가 속성 없음
	이중 편물 바지	
쇠톱	편안함	응접실 의자
추가 속성 없음	탄력성	큼
		부드러움
		쿠션

속성 목록

기본층위에 관한 로쉬의 연구에서 나온 주요한 연구 결과는 기본층위가 인간 범주화에서 가장 중요한 층위라는 것이다. 이는 기본층위가 가장 포괄적이고 정보가 가장 풍부한 층위이기 때문이다. 기본층위가 가장 두드러진 범주화의 층위인 이유는 범주 구성원의 유사성과 인지적 경제성의 원리 사이에 나타나는 긴장과 관련이 있다. 하나의 흔들의자는 다른 흔들의자와 공통된 속성을 많이 가지고 있다는 점에서 하위층위의 각각의 실체들은 상당히 유사하고, 흔들의자는 부엌 의자와도 공통점이 많다는 점에서 하위층위의 서로 다른 범주들끼리도 매우 유사하다. 다른 한편으로 모든 의자가 서로 비슷한 속성을 공유함으로써 기본층위의 특정 범주 내에서 큰 유사성을 보여주지만, 의자는 탁자와 비슷한 점이 없기 때문에 범주 간 유사성은 훨씬 더 적게 드러난다.

한 범주는 인지적 경제성을 달성하기 위해 가능한 한 많은 공통된 범주 내 속성을 공유해야 하며, 동시에 가능한 가장 높은 범주 간 차이의 층위를 유지해야 한다. 직관적으로 볼 때, 탁자 위에 놓는 램프와 바닥에 놓는 램프 사이에서보다 의자와 램프 사이의 차이를 알아내는 것이 더 쉽다. 이는 왜 기본층위가 특별한지를 예증해 준다. 즉, 기본층위는 인지적 경제성의 충돌하는 요구를 가장 잘 중재시켜 주기 때문에 정보가 가장 풍부한 범주화의 층위이다.

기본층위의 또 다른 특징은 지각적 현저성이 가장 크다는 것이다. 로쉬와 동료들은 사물이 상위층위나 하위층위 범주의 구성원보다 기본층위 범주의 구성원으로 더 빨리 지각된다는 것을 발견했다. 그림 확인 과제에 기초한 실험에서 실험대상자들에게 '의자'와 같은 단어를 듣게 한 후 시각 영상을 제시한다. 단어가 영상과 일치한다면, 실험대상자들은 '일치' 응답키를 누르고, 일치하지 않는다면 다른 응답키를 눌렀다. 이렇게 하여 실험대상자들의 응답 시간을 측정했다. 실험대상자들이 상위층위나 하위층위 단어에 대한 영상을 확인할 때보다 어떤 사물이 기본층위 단어와 일치하는지를 확인하는 데 일관되게 더 빨랐다는 결과가 나왔다. 이는 지각적 확인에 관해서 볼 때 사물이 다른 종류의 범주 구성원보다 기본층위 범주의 구성원으로 더 빨리 지각된다는 것을 시사한다.

로쉬와 동료들은 기본층위 용어가 아동 언어에서 가장 일찍 습득된다는 것을 발견했다. 이러한 연구는 말을 하기 시작하던 첫 시기로부터 시작해서 매주 2시간 분량의 기록으로 이루어진 한 아동의 사례 연구에 기초를 두었다. 어떤 층위의 용어를 사용하고 있는지를 확인하기 위해 두 명의 평가자가 아이가 하는 모든 적절한 발화를 독립적으로 평가했다. 이 연구를 통해 개별적인 명사 같은 발화가 압도적으로 기본층위에 있다는 것이 밝혀졌다.

언어 체계 또한 여러 가지 방식으로 기본층위의 탁월함을 밝혀내 준다. 첫째, 기본층위 용어는 전형적으로 단일어휘소이다. 이에 반해 하위층위 용어는 종종 다중어휘소이다. 기본층위 용어인 '의자'와 하위층위 용어인 '흔들의자'가 그 예이다. 둘째, 기본층위 용어는 상위층위나 하위층위 표현보다 언어에서 더 빈번하게 나타난다.

하지만 기본층위의 탁월함에 대한 증거가 매우 풍부하다면, 왜 범주화의 다른 층위가 필요한지 질문할 수 있다. 실제로 상위층위와 하위층위는 기본층위에 비해 인지적으로 현저하지 않을 수는 있지만, 상당히 유용한 기능을 한다. 운송수단 같은 상위층위 범주는 사람을 실어다 주기 위한 것이라는 그 범주의 기능적 속성(functional attribute)을 부각하거나, 밀접하게 연결된 범주들을 우리의 지식 표상 체계에 한데 모으는 것 같은 수집 기능(collecting function)을 한다. 그리고 하위층위 범주는 상세성 기능

(specificity function)을 한다.

② 수평 차원

범주화 체계의 수평 차원은 지각된 세계 구조의 원리와 관련이 있다. 이 원리에 따르면, 세계는 구조화되지 않은 것이 아니라 상관적 구조를 하고 있다. 즉, 세계 자체는 인간이 인지적 체계 내에서 표상하는 범주의 종류에 제약을 가하는 구조로 되어 있다. 세계에 상관적 구조가 존재하는 것에 따른 한 가지 효과는 인지적 범주 자체가 이러한 구조를 반영한다는 것이다. 이러한 범주는 종종 원형 효과를 보여준다. 1975년에 로쉬가 보고한 몇 차례의 실험에서 밝혀졌듯이, 한 범주의 원형 구성원은 범주의 다양한 구성원과 여러 속성을 공유하지만, 덜 원형적인 구성원은 그렇지 않다.

범주의 원형 구조를 검토하기 위해 로쉬는 실험대상자들에게 각 구성원이 범주를 대표하는 정도에 기초하여 각 범주의 50, 60개의 구성원에 대해 보기의 좋음(goodness-of-example) 등급을 제공하도록 했다. 전형적으로, 실험대상자에게 7점 척도가 제시된다. 그들은 이 척도에 따라 범주의 특정 구성원의 등급을 매기는데, 1등급은 그 구성원이 상당히 대표적임을 암시하고, 7등급은 그 실체가 매우 대표적이지 않다는 것을 암시한다. 다음의 표에서 새, 과일, 운송수단, 가구, 무기의 범주에 대해 미국 대학생들이 가장 높고 가장 낮게 등급을 매긴 열 개의 보기가 제시되어 있다.

등급	새	과일	운송수단	가구	무기
가장 높은 열 개(더 대표적인 것에서 덜 대표적인 것까지)					
1	울새	오렌지	자동차	의자	총
2	참새	사과	스테이션왜건	소파	권총
3	어치	바나나	트럭	침상	연발 권총
4	블루버드	복숭아	자동차	탁자	기관총
5	카나리아	배	버스	안락의자	라이플총
6	지빠귀	살구	택시	화장대	날이 나온 나이프
7	비둘기	탄제린	지프	흔들의자	나이프
8	종다리	서양자두	구급차	커피용 탁자	단도
9	제비	포도	오토바이	흔들 목마	엽총
10	잉꼬	승도복숭아	시가전차	2인용 의자	검
가장 낮은 열 개(더 대표적인 것에서 덜 대표적인 것까지)					
10	오리	빠우빠우	로켓	조리대	단어
9	공작	코코넛	기구	시계	손
8	해오라기	아보카도	스케이트	커튼	파이프
7	닭	서양호박	낙타	냉장고	밧줄
6	칠면조	토마토	발	그림	비행기
5	타조	견과	스키	벽장	발
4	박샛과의 작은 새	호리병박	스케이트보드	꽃병	자동차
3	에뮤	올리브	외바퀴 손수레	재떨이	드라이버
2	펭귄	피클	파도타기 널	선풍기	유리
1	박쥐	호박	엘리베이터	전화기	신발

보기의 좋음 등급

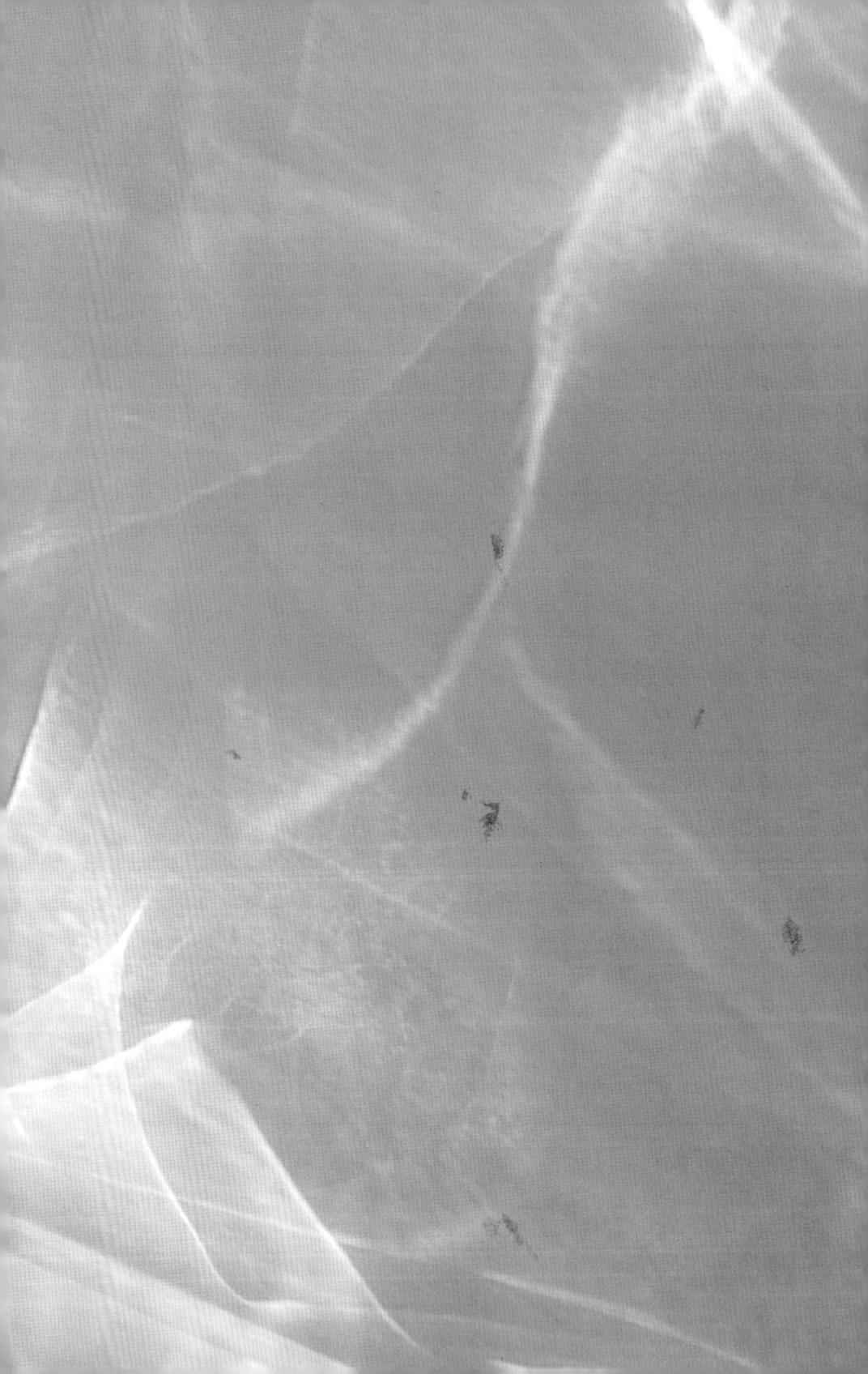

제2장
찰스 킹즐리와 《물의 아이들》

2.1 찰스 킹즐리

찰스 킹즐리의 작품

찰스 킹즐리는 19세기 판타지 문학의 황금기를 이끈 저명한 작가로서의 명성 이외에도 목사, 역사 교수, 과학자, 그리고 사회운동가로서의 여러 면모를 통해 빅토리아 사회에 많은 영향을 끼쳤다. 킹즐리는 이러한 다양한 역할을 자신의 작품 속에 반영했다. 킹즐리는 성직자로서 교회 개혁에 앞장섰고, 토마스 휴즈(Thomas Hughes, 1822~1896)와 함께 기독교 사회주의(Christian socialism)[1] 운동을 전개하면서 작품에 기독교적 사회주의 색채를 담아냈다.[2] 또한 역사 교수로서, 고대를 배경으로 한 《히파

---

1 기독교 사회주의는 기독교 원칙과 사회주의 사상을 결합한 정치 및 경제 철학으로서, 예수 그리스도의 가르침을 사회 및 경제 구조에 적용하고자 한다. 1830~1840년대에 유럽의 노동운동이 고조되고, 특히 1848년에 혁명적 투쟁이 일어날 때에 발생한 사상이다.

2 킹즐리와 휴즈는 교회가 사회운동을 통해 사회 정의를 추구해야 하며 노동자들을

티아》(Hypatia, 1853)와 엘리자베스 시대 선원들의 모험을 그린 《웨스트워드 호!》(Westward Ho!, 1855) 등 다양한 역사 소설을 집필하면서 폭넓은 작품 활동을 펼쳤다. 특히 해양생물학에 조예가 깊었던 킹즐리는 찰스 다윈(Charles Darwin, 1809~1882)과 많은 서신을 주고받으면서 진화론 등의 과학적 사실을 심도 있게 탐구하고, 이를 《물의 아이들》에 반영했다. 또한 《어떻게 부인과 왜 아가씨》(Madam How and Lady Why, 1869)에서 자연 세계를 탐험하는 두 어린이가 지진과 화산, 광물 등의 과학적 사실과 생물체의 상호연결성을 알아가는 모험을 그리며, 독자에게 자연 세계에 대한 호기심과 과학적 탐구심을 불러일으켰다.

사회운동가로서 찰스 킹즐리는 특히 노동과 빈곤, 위생 등의 사회 문제에 대한 관심을 작품에 반영했다. 《이스트》(Yeast, 1848)에서 지주와 농업 노동자들의 갈등과 노동자들의 빈곤한 상황을 여실히 보여주었고, 《앨턴 로크》(Alton Locke, 1850)에서는 차티스트 운동에 가담한 주인공의 험난한 삶을 묘사하며, 차별과 억압받는 노동자의 현실을 드러내 보였다. 무엇보다도 네 명의 아이를 둔 킹즐리는 아버지로서 열악한 상황에 처한 아이들에게 깊은 연민을 느꼈다. 그는 《물의 아이들》에서 산업혁명이라는 거대한 조류에 휩쓸린 아이들의 참혹한 노동 착취 현실을 폭로하고, 아동 복지 문제를 수면 위로 부상시켰다. 당시 빈민층 아이들은 찰스 디킨스의 《올리버 트위스트》(Oliver Twist, 1838)의 주인공 올리버처럼 구빈원(소년원이나 경범죄자 노역소)으로 보내져서 굶주림과 학대에 시

자본주의의 착취로부터 보호해야 할 의무가 있다고 생각했다. 즉, 산업화로 인한 빈곤, 질병, 노동 계층 등의 문제에 대해서 교회가 적극적으로 개입해서 해결해야 한다고 생각했다.

달리면서 죽어갔고,³ 구빈원 밖에서도 아이들은 헐벗은 채 거리를 헤매며 부랑자가 되거나 범죄의 길로 빠져들었다. 더욱이 값싼 노동력의 대상이 되어 공장으로 내몰려 하루 열네 시간 이상의 가혹한 노동에 처하기도 했다. 심지어 굴뚝청소부로 일하면서 굴뚝 안에서 화상을 입거나 숨이 막혀 죽는 경우가 비일비재했다.

이와 같은 현실에서 찰스 킹즐리는 아동 인권 유린의 부당함을 지속적으로 호소하고, 《물의 아이들》에서 톰을 굴뚝청소부로 설정함으로써 아동 노동 착취에 대한 사회적 관심을 끌어냈다. 독자들은 이 작품이 출판되자마자 당대의 사회적 이슈를 판타지로 변형시킨 소설임을 즉시 알아차렸다. 험프리 카펜터(Humphrey Carpenter)는 2012년에 출간한 책 《비밀의 정원: 아동문학의 황금기 연구》(Secret Gardens: A Study of the Golden Age of Children's Literature)에서 킹즐리가 이 소설을 통해 "아이들의 책이 어른들의 개인적이고 사적인 관심사를 담아낼 수 있는 완벽한 수단이 될 수 있다"는 것을 보여준 영국 최초의 작가라고 규정하며, 이 소설이 사회 문제에 대한 작가의 반응이라는 점을 명시했다.⁴ 이 소설은 영국 정부가 실제 굴뚝 청소에 대한 규제 강화, 굴뚝 청소 아동 고용 철폐 등 굴뚝청소부에 관한 다양한 법률을 제정할 정도로 영향력이 컸다. 이런 방식으로 킹즐리는 작품을 통해 아동 노동을 비롯한 여러 사회 문제를 제

---

3   구빈원에서 발생하는 사망의 원인은 다양했다. 아이들은 굶주림과 추위로 죽거나, 방치로 인해 불 속으로 추락하거나 사고로 질식사했다. 또한 침대 틀에 끼여 사망하거나 세탁 시 화상을 입어 죽기도 했다.

4   찰스 킹즐리는 아동 복지, 아이들의 독서, 성, 진화, 죄의 구원과 속죄와 같은 논의에 몰입했다. 킹즐리는 아동의 삶을 개선하기 위해 노력하면서 사실주의적 암기식 교육 환경을 비판하고, 아이들을 위한 독서 교육에도 관심을 가졌다. 더욱이 성직자로서 그는 창조론과 진화론 사이에서 방황하며 죄와 구원의 문제 해결에 몰두했다. 이처럼 킹즐리는 사회의 다양한 갈등을 《물의 아이들》에서 활발히 논의하고 있다.

기하면서 변화와 해결을 촉구했다.

찰스 킹즐리의 사회적 가치관

찰스 킹즐리는 에드윈 채드윅(Edwin Chadwick, 1800~1890)이 1842년에 발표한 〈영국 노동인구의 위생 상태에 관한 보고서〉를 통해 사회의 위생 문제, 특히 수질 환경에 대한 위생 개혁의 필요성을 강조한다.[5] 당시 수많은 빈민층은 오염된 물을 마시고 콜레라로 죽어가고 있었다. 대다수가 공동 하수구를 사용하지만 청소는 이루어지지 않았다. 이로 인해 물은 온갖 쓰레기와 배설물로 뒤범벅되면서 썩어들어갔다. 하수도에 넘쳐나는 쓰레기와 오물이 도로와 상수원으로 역류하고, 도로에는 악취가 끊이지 않았다. 가족과 사회에서 버림받은 빈민층 아이들이 콜레라 앞에서 무력하게 죽어 나가는 처참한 상황이 목격되었다.

이와 같은 현실에 분개한 찰스 킹즐리는 1859년에 있었던 〈무고한 사람들의 대학살〉이라는 연설을 통해 죽음으로 던져진 아이들의 비참한 현실을 대중에게 알리고 사람들의 관심과 공감을 끌어냈다. 이 연설은 킹즐리가 1892년에 출간한 《찰스 킹즐리 전집》(Collected Works of Charles Kingsley)에 수록되었다. 그 내용을 소개하면 다음과 같다. "오! 아이들이 죽어가는 것을 보는 것은 정말 괴롭습니다. 하느님은 지상이 가질 수 있는 가장 아름답고 소중한 것을 주셨는데, 우리는 그것을 내던져버립니다. 진주와도 같은 아이들을 거름더미에 던져 버리고는 방치합니다. 죽어가는 아이들을 보는 것은 세상에서 가장 끔찍한 광경입니다."

---

5   에드윈 채드윅은 노동자의 거주환경이 콜레라와 같은 질병을 유발함을 밝히고, 상하수도와 정화시설의 필요성을 주장했다. 이 보고서는 1848년 공중위생법(Public Health Act)이 통과되는데 중요한 계기가 된다.

찰스 킹즐리는 연설을 통해 특히 여성 위생협회(Ladies' Sanitary Association)의 중산층 여성들에게 호소하며 위생 입법의 추진에 있어 그들의 역할과 영향력을 강조한다. 그는 위생 관념이 비교적 최근에 부상한 문제로, 중산층 사람들이 위생에 너무나 무지하다고 지적한다. 그리고 네 명 중 세 명이 질병에 매우 무지하여 병의 원인조차 제대로 파악하지 못하고 있으며, 빈곤 계층 아이들이 비위생적인 환경에서 죽어가고 있다고 주장한다. 나아가 가난하고 비천한 아이들조차도 무한하고 소중한 능력이 있으므로 절망적인 상황에서 아이들이 허망하게 죽는 것은 어른들의 어리석은 무시이자 '어리석은 무지이고 어리석은 방치'라고 비판한다. 이처럼 킹즐리는 연설과 설교를 통해 세상을 변화시키는 것을 자신의 소명으로 여겼다. 그는 다양한 연설과 원고 투고를 통해 지속적으로 수질오염과 식수 부족 문제를 제기하며,[6] 노동 계층의 위생 환경과 생존율 향상을 위한 개혁과 입법 활동에 큰 역할을 했다. 킹즐리가 《물의 아이들》에서 대도시의 수질오염과 빈민층의 급수 문제를 논하는 것은 그의 개인적이고 사회적인 경험이 반영된 것으로 결코 우연이라고 볼 수 없다.

찰스 킹즐리는 사회의 갈등과 불평등의 원인을 파헤치며 사회의 모든 문제가 빅토리아 시대의 핵심축으로 작용한 공리주의(utilitarianism) 사상에서 파생된 것이라고 인식한다. 공리주의는 프랑스의 합리주의와 영국의 물질주의가 혼합된 철학에 바탕을 두고 있으며, 빅토리아 시대의 사회문화적 배경을 지배한 사상이다. 공리주의가 추구하는 윤리는 기독교 도덕과 거의 관계가 없고, 철저히 수학적이고 산술적인 방법으로 입증할 수

---

6 찰스 킹즐리는 에버슬리(Eversley)에서 〈누가 역병을 일으키는가?〉라는 주제로 세 번의 연설을 했고, 〈런던의 물 공급〉이라는 논문을 《노스 브리티시 리뷰》에 투고했다.

있는 사실만이 진실로 인정받는다. 따라서 객관적으로 측정할 수 없는 행복이나 자비로움, 동정심이나 사랑은 무가치한 것으로 여겨진다. 특히 중산층이 강력하게 신봉하는 공리주의 사상은 사회를 지배하는 특권층의 정치적·문화적 이데올로기로 이용된다.

공리주의는 특히 교육 분야에서 계급에 따른 차별을 조장하여 노동 계층의 아이들이 처한 교육 현실은 참담해진다. 찰스 킹즐리는 《물의 아이들》에서 "톰은 글을 읽을 줄도 모르고 쓸 줄도 몰랐고, 더욱이 그런 것에 전혀 관심이 없었다"는 사실을 통해 노동 계층의 열악한 교육 환경을 비판한다. 혹여 학교에 다닐 기회가 주어진 빈민층 아이들도 사회에 필요한 기능적 인간을 제조하는 데 몰두한 공리주의식 교육 때문에 강제적인 분위기 속에서 엄격한 훈련을 받아야 했다. 그들은 오로지 생산성을 높이기 위해 정해진 규칙과 사실만을 암기했다. 여기에서 주목할 사실은 아이들이 학교에 다니고 있었음에도 최소한의 읽기 능력조차 갖추지 못했다는 점이다. 당시 40%가 넘었던 영국의 문맹률은 노동 계층의 암담한 교육 상황을 보여주는 단적인 예이다.

공리주의식 교육의 폐해는 비단 빈민층 아이들에게만 국한된 것이 아니다. 찰스 킹즐리는 《물의 아이들》에서 어리석은 부모와 교사가 만들어 낸 공부와 시험만으로 가득 채워진 일상이 "아이들의 뇌를 크게 만드는 반면 몸은 줄어들게 만들어 그들을 순무로 변형시키는" 다소 충격적인 일화를 보여준다. 킹즐리는 순무로 변한 아이들이 배우면 배울수록 더 많이 잊어버리면서 머리가 닳아 없어진다는 독창적인 발상으로 주입식 교육 환경의 폐단을 날카롭게 지적한다.[7]

---

7   빅토리아 시대 공리주의식 학교 교육에 대한 비판은 찰스 킹즐리와 함께 기독교 사회주의를 함께 이끌었던 토마스 휴즈(Thomas Huges)가 1857년에 출간한 책

찰스 킹즐리는 아이들의 교육이 어떤 제도나 틀에 얽매이지 않고, 자연을 통해 이루어져야 한다고 믿는다. 그는 빅토리아 사회 환경이 아이들을 가르치는 데 실패했다고 여긴다. 이 때문에 《물의 아이들》에서 톰을 잘못된 교육이 자행되는 사회에서 벗어나 자연 안으로 들어가도록 설정한다. 킹즐리는 자연의 무한한 공간에서 아이들의 자발적 배움의 과정에 의의를 두고, 아이들이 자연 속에서 시행착오를 겪으며 "직접 눈으로 보고, 코로 냄새 맡고, 잠자리를 만들어 자고, 불 속에 손을 넣으면 불에 덴다"라는 사실을 스스로 깨닫는 것이 중요하다고 언급했다. 또한 킹즐리는 진정한 교육은 《물의 아이들》의 육지 세계에서 배우는 '어려운 말'과 '매우 이상한 이론'이 아니라 '모든 삶과 진리의 영원한 토대에서 나오는' 진솔한 배움에서 이루어진다고 보았다.

찰스 킹즐리가 자연과의 교감을 통한 배움을 강조하게 된 계기는 어린 시절 늘 자연과 가까이 지내며 자연에 깊은 영향을 받으며 살았던 경험에서 비롯된다. 그는 자연환경에 남다른 애정을 갖고 자연을 세심히 살폈다. 그에게 데본(Devon) 지역의 풍성한 초목과 신기한 동·식물, 해안가 바위, 그리고 대서양의 푸른 바다는 경이로움으로 가득 찬 세계였다. 특히 낚시를 좋아했던 킹즐리는 클로밸리(Clovelly) 지역의 낚시꾼, 항해사들과 자주 접하면서 갖가지의 바다 생물에 대한 지식을 얻을 수 있었다. 바다의 신비로움에 완전히 매료되어 킹즐리는 한때 조개류의 기원과 역

《톰 브라운의 학창시절》(Tom Brown's Schooldays)에서도 찾아볼 수 있다. 당시 교육 현실을 들여다볼 수 있는 대표적인 예로서 작품에 등장하는 영국의 사립학교인 퍼블릭 스쿨(Public School)은 상류층의 교양을 내세우기 위한 목적으로 학생들에게 주입식 고전 교육만을 강요했다. 예를 들어, 라틴어와 그리스어, 리비의 책과 버질의 목가, 유리피데스의 헤큐바에 치중된 고전 교육은 실생활과 거리가 멀어서 학생들이 이해할 수 없는 난해한 내용이 주를 이루었다.

사, 생태를 연구하는 패류학에 몰두했고, 이를 통해 해양 세계의 생태와 생명의 진화를 꼼꼼히 관찰할 수 있는 계기가 되었다. 《물의 아이들》에서 해양 생물의 생태가 세밀하게 묘사되고, 해양 세계에 대한 과학적 내용이 사실적으로 기술되고 있는 것은 그의 풍부한 해양 경험과 전문지식을 바탕으로 한 결과이다.[8] 더욱이 《물의 아이들》이 '생물 문학'의 범주로 분류된다는 사실은 생물학자로서의 킹즐리의 면모를 다시금 부각한다.

찰스 킹즐리는 해양 세계의 근원에 관해 자세히 탐구하여 자연의 진화 과정이 보여주는 놀라운 생물학적 드라마의 실체를 깨닫게 된다. 이에 따라 그는 당시 찰스 다윈이 《종의 기원》(Origin of Species, 1859)에서 제시한 진화론과 과학적 사실을 수용하게 된다. 그렇지만 기독교적 가치관을 고수하고 있던 성직자 킹즐리에게 다윈의 진화론을 받아들이는 문제는 엄청난 불안감으로 작용한다. 그는 진화론과 종교적 신념이 충돌되는 지점에서 큰 정신적 혼란과 갈등을 겪게 된다.

생명의 근원을 온전히 진화론의 관점으로만 이해하는 것은 불가능하므로 찰스 킹즐리는 진화의 과정을 문학적이고 신학적인 측면에서 재해석하고자 한다. 다시 말해, 킹즐리는 《물의 아이들》에서 진화와 퇴보의 과정을 과학적인 사실을 토대로 그려내지만, 사실적 내용의 나열에만 그치지 않고 자신만의 독창적인 상상력을 가미하여 진화론을 풀어내고 있다. 찰스 다윈의 이론이 빅토리아 시대의 문학에 끼친 영향을 추적한 질리언 비어(Gillian Beer)는 2000년에 출간한 《다윈의 플롯》(Darwin's Plots)을

---

8 당시 해양동물학(marine zoology)에 대한 학문적 열풍과 더불어 19세기 대부분의 진화학자와 돌연변이를 연구하는 학자들은 인간이 단순한 수생의 필라멘트(aquatic filament)로부터 진화했다고 생각했다. 찰스 킹즐리가 주인공을 물의 아이로 변형시킨 이유도 그를 진화의 원초적 상태로 돌려놓기 위함이다.

통해 《물의 아이들》에서 킹즐리가 물의 세계에서 벌어지는 "생물들의 멸종, 퇴보, 반복과 발달의 모습을 실감 나게 보여주면서 탁월한 통찰력으로 다윈의 이론을 신화적으로 풀어낸다"라고 말한다. 이에 더하여 로즈메리 잭슨은 《환상성: 전복의 문학》에서 《물의 아이들》이 "'동화'의 형태를 가장하여 환상적 요소를 기독교 신학을 재구성하는 데 이용한다"라고 설명한다. 이처럼 킹즐리는 작품 속에서 과학적 사실을 진지하게 다루고 있긴 하지만 과학은 상상력이나 종교의 영역을 밟지 말아야 한다는 신념을 고수하면서 자연 안에 깃든 신성을 확신했다.

찰스 킹즐리의 진화론적 가치관은 《물의 아이들》에서 수많은 바다 생명체를 만들어내는 마더 캐리(Mother Carey)의 모습에서 집약된다. 이 소설에서 창조의 신으로 형상화된 마더 캐리는 무언가를 만들기 위해 분주하게 움직이는 대신 생명체들이 스스로 그 자체를 만드는 것을 지켜보는 존재이다. 이는 인간의 진화는 충분히 시간을 갖고 애쓰고 노력한다면 가능하다는 킹즐리의 생각을 반영한다. 킹즐리는 기독교의 창조론적 가치관을 완전히 배척하지 않고, 인간이 스스로 성장하고 진화하면서 신의 진정한 의도를 이해하길 바랐다. 킹즐리는 또한 이 소설에서 인간의 창의성과 상상력을 진화의 중요한 요소로 보고, 자연 현상의 이면을 볼 수 있는 심미안을 갖출 것을 강조한다. 그의 말을 빌리자면, "세상에서 가장 경이롭고 강한 것은 누구도 볼 수 없다. 우리 안에는 생명이 있다. 그것은 우리를 성장하게 하고 움직이게 하고 생각하도록 한다. 그러나 우리는 그것을 보지 못한다."

찰스 킹즐리가 그려내는 자연 세계는 단순한 육지와 바다의 한계를 넘어 상상력이 펼쳐지는 광대한 영역이다. 그는 자연의 신비와 무한한 가능성을 통해 자연을 바라보는 새로운 시각을 갖도록 한다. 그에게 자연은 인간의 눈에 보이지 않지만 요정을 위한 수많은 공간이 존재하는 마법 같은 곳이다.

2.2 《물의 아이들》

아동문학의 발전

아동문학의 성장 과정에서 18세기 이전까지 아동은 성인과 구별되는 특별한 존재로서 인식되지 않았다.[9] 아동문학은 역사적·사회적 맥락 속에서 규정된 아동의 개념과 맞물려 발전된 장르이므로, 아동의 존재가 인식되지 않았다는 것은 아동을 위한 문학에 대한 진지한 논의도 이루어지지 않았음을 의미한다. 아동문학은 단지 성인의 시각에서 성인의 요구 때문에 만들어진 수단에 불과했다. 이와 관련하여 재클린 로즈(Jacqueline Rose, 1949~)는 1992년에 출간한 책 《"피터 팬"의 사례, 또는 아동 소설의 불가능성》(The Case of *Peter Pan*, or The Impossibility of Children's Fiction)에서 아동문학이 어른들의 목적에 따라 생산되고 소비되기 때문에 애초에 성인과 아동의 관계를 논하기가 불가능하다고 지적한다. 게다

---

9   중세시대의 어린이는 단지 어른의 축소판으로 여겨졌으며, 어른과 구별되는 아동이라는 개념이 존재하지 않았다. 17세기의 복음주의 영향으로 어린이는 구원받아야 할 존재로 여겨졌고, 아동문학은 예의 지침서나 종교 서적에 한정되어 있었다. 18세기에 이르러 경제력을 확보한 중산층의 성장과 핵가족이라고 불리는 현대적 가정의 출현은 어린이에 관한 관심으로 이어졌다. 특히 존 로크(John Locke, 1632~1704)의 《교육론》(Some Thoughts Concerning Education, 1693)에서 인간은 태어날 때 백지상태(tabula rasa)와 같은 상태라는 아동기에 대한 개념은 아동 교육의 필요성을 한층 강화했다. 이로써 아동문학은 주로 어른들의 시선에서 도덕적이고 교훈적인 내용을 전달하기 위한 수단으로 이용되었다.

가 성인이 만든 작품 속에 묘사된 아동의 이미지가 현실에서 쉽게 통제되지 않는 아이들을 지배하기 위한 목적에 이용된다고 설명한다. 이처럼 아동과 아동문학의 존재는 각각 어른 중심의 세계관과 성인 문학에 의해 타자적 위치에 놓였다.

그러나 19세기에 들어 아동문학은 낭만주의의 영향으로 기존의 교훈주의에서 탈피하고 있었다. 이 시기는 무엇보다 사회·역사적으로 아동의 존재가 인정되었고, 아동문학에서도 독자로서 아동의 중요성을 인식하게 되었다. 낭만주의 시대의 아이들은 어른들에게 황홀한 어린 시절을 연상시키는 순수한 존재로 여겨졌고, 자연과 함께 어울리는 이상적인 존재라는 개념이 형성되었다. 윌리엄 워즈워스(William Wordsworth, 1770~1850)는 아이들의 존재를 천사에 비유하며 아이들을 찬양했고, 장 자크 루소(Jean-Jacques Rousseau, 1712~1778)는 아이들을 식물에 빗대어 자연과의 유기적 패러다임(organic paradigm)을 강조했다. 이처럼 아동문학은 낭만주의의 미학을 통해 아이와 자연의 친밀한 관계를 강조함과 동시에 자연을 찬양하고, 자연과 아이의 일체감을 추구했다.

낭만주의를 수용하면서 성장한 아동문학은 아이들의 즐거움과 흥미를 끌어내기 위한 다양한 방법을 모색했고, 특히 낭만주의적 상상력은 독자들의 호기심을 자극하며 폭발적인 반응을 불러일으켰다. 이에 아동문학은 상상력의 문학으로서 가치를 인정받고, 찰스 킹즐리(Charles Kingsley, 1819~1875)와 조지 맥도널드(George MacDonald, 1824~1905), 루이스 캐럴(Lewis Carroll, 1832~1898)의 판타지 작품의 등장으로 인해 황금기를 맞게 된다.[10] 이 작품들은 어른들이 지배하는 세계가 아닌 아이들만

---

10   영국 아동문학의 황금기는 1860년대부터 1차 세계대전까지의 시기이고, 찰스 킹즐리의 《물의 아이들》(The Water Babies, 1863)은 황금기의 시작을 알리는 이

을 위한 특별한 공간을 제시하고, 그 공간에서 아이들은 상상력과 놀이(imagination and play)의 세계를 창조할 수 있었다. 이 대안의 세계에서 아이들의 상상력은 현실 세계에서보다 더욱 강하게 발휘되었다.

빅토리아 시대에 시작된 아동문학의 황금기는 아동문학에 다채로운 상상의 풍경(imaginative landscape)을 제공함으로써 에드워드 시대[11]에 이르러 절정에 이르게 된다. 무엇보다 이 시기는 독자들에게 자연에 대한 무한한 상상력을 불러일으키면서 아동문학의 새로운 전환점을 마련했다.[12] 에드워드 시대의 아동문학은 자연의 풍경에 환상과 영혼을 불어넣었고, 초자연적인 요소를 포함했다. 즉, 숲속의 자연 풍경을 목신과 요정들의 세계로 만들어나갔고, 정원을 상상의 풍경으로 가꾸어나갔다. 이러한 상상력은 황금기 이후 현대에 이르러서도 많은 작가에게 자연 풍경에 대한 신선한 영감을 제공하고 있다.[13]

정표가 되는 작품이다. 조지 맥도널드의 《북풍의 뒤에서》(At the Back of the North Wind, 1871)와 루이스 캐럴의 《이상한 나라의 앨리스》(Alice's Adventures in Wonderland, 1865)는 황금기의 대표적인 판타지 소설이다. 대부분의 연구에서 황금기는 에드워드 시대에 절정에 이르렀다고 본다. 황금기의 작가로는 러드야드 키플링(Rudyard Kipling), 케네스 그레이엄(Kenneth Grahame), 프랜시스 호즈슨 버넷(Francis Hodgson Burnett), 제임스 베리(James Barrie), 루이스 캐럴(Lewis Carroll), 베아트릭스 포터(Beatrix Porter)를 꼽는다.

[11] 영국사에서 에드워드 시대(Edwardian era)는 1901년 빅토리아 여왕이 사망하고 에드워드 7세의 치세 기간 1910년까지와 조지 5세의 재위 기간인 1910년에서 제1차 세계대전 발발 직전 1914년까지를 일컫는다.

[12] 《피터 래빗》(Peter Rabbit), 《피터 팬》(Peter Pan), 《버드나무에 부는 바람》(The Wind in the Willows), 《비밀의 화원》(The Secret Garden), 《빨간 머리 앤》(Anne of Green Gables), 《기찻길 아이들》(The Railway Children) 등이 에드워드 시기에 등장했다.

[13] C. S. 루이스(C. S. Lewis)와 J. R. R. 톨킨(J. R. R. Tolkien), A. A. 밀른(A. A. Milne)의 작품에 등장하는 다양한 소재와 자연의 공간 역시 황금기의 영향으로 볼 수 있다.

그러나 영국 아동문학의 황금기는 그 이름이 무색할 정도로 당대의 현실 세계는 산업화와 도시화, 문명과 과학 기술의 부작용으로 몸살을 앓고 있었다. 황금기가 산업혁명으로 인해 역사상 전례 없는 삶의 변화와 환경 위기를 겪었던 시기라는 사실 때문에 아동문학은 불안한 현실을 극복하려는 수단으로 재조명되었다. 이는 낭만주의가 점차 쇠퇴해가면서 사실주의가 대세를 이루던 성인 문학의 흐름에 반해 아동문학이 낭만주의를 수용할 수밖에 없었던 이유를 설명해 준다. 즉, 아동문학은 상상력과 이상적 자연관을 통해 현실 극복의 가능성을 찾고, 삶의 위안을 도모하는 작가들의 열망을 실현시켜주었다. 아동문학의 환상적 요소는 절망스러운 현실을 회피하거나 도피하는 수단이 아닌 환상의 경험을 토대로 현실을 보는 시야를 넓히고, 메마른 현실 속에서 생명의 싹을 발견할 가능성을 보여준다.

《물의 아이들》의 서사 구조

《물의 아이들》에 대한 기존 비평에서는 대부분 문학적 측면에서 주로 초기 판타지 아동문학의 특성 그리고 환상과 사실이 결합된 서술 구조 등의 분석에 집중되었다.[14] 이 소설의 서술 방식은 암호로 가득 찬 환상 세계와 현실 세계가 공존하며 수수께끼 같은 특성을 보여준다. 다시 말해,

---

14 이 소설에 관한 언어학적 연구는 다음과 같다. 다음을 제외하고는 이 소설에 관한 연구는 대부분 문학적 분석이 주를 이룬다.
   1. 접미사 y에 대한 분석(Laras Amalia Ningtiyas. "A Study of English Suffix-Y in the Novel *The Water Babies* by Charles Kingsley". Skripsi thesis, Universitas Teknologi Yogyakarta. 2018)
   2. ain't와 don't의 사용(Masami NAKAYAMA. "What Children's Literature Tells Us about Non-standard Language: The Use of Ain't and Don't in *The Water Babies*."《言語情報科学》9: 19-30, 2011)

이 소설은 빅토리아 시대의 현실을 배경으로 하는 사실주의의 테두리 안에서 요정들이 나오는 물속 세계의 환상적 이야기가 기이하게 결합된 형식을 취하면서 현실과 환상의 영역을 오가면서 복잡하게 펼쳐진다. 찰스 킹즐리가 막내아들과 독자에게 "와서 나의 수수께끼를 읽어라"라고 표현한 것처럼, 그는 환상 세계의 진화와 퇴보의 과정에 내재된 신의 계시와 암호를 복잡한 상징과 비유로 드러낸다. 게다가 환상 공간의 서사가 초현실적 의식의 흐름으로 전개되면서 독자를 당혹케 만든다. 이와 같은 소설의 난해한 구조와 내용 때문에 이 소설이 어린이 독자가 아닌 오히려 성인 독자층을 겨냥한 것이 아니냐는 의문이 제기되기도 한다.

찰스 킹즐리는 《물의 아이들》의 환상 구조에서 보이는 복잡한 상징과 비유를 설명하기 위해 독자와 부단히 대화하며 이야기를 끌어나가는 형식을 취한다. 즉, 독자와 함께 이야기를 공유하며 자신의 머릿속 뒤엉킨 생각들을 하나씩 풀어나간다. 로즈메리 잭슨은 이와 같은 킹즐리의 대화체 형식에 주목하고, 이러한 방식이 실재에 대해 끊임없이 질문을 던지며 일원화된 시각에 의문을 제기한다고 주장한다. 세스 레러(Seth Lerer)는 2008년에 출간한 책 《어린이 문학의 역사: 이솝우화부터 해리포터까지》 (Children's Literature: A Reader's History, from Aesop to Harry Potter)에서 이 소설이 아동문학의 고전이 될 수 있었던 이유로 '독자를 편안하게 만들어주는 화자의 존재'를 꼽는다. 소설 속 화자는 자연의 경이로움을 확신에 찬 목소리로 전달하며, 어려운 과학적 내용도 아이들이 쉽게 이해할 수 있도록 설명한다. 이 소설을 필두로 판타지 문학의 서술 방식은 이전의 교훈적인 작품들에서 보이는 작가 전지적인 서사 구조에서 벗어난다. 이에 따라 기존의 작품에서 들리던 작가의 권위적이고 교훈적인 목소리는 독자와 서로 대화하는 방식으로 바뀌면서 친숙하고 편안한 목소리로 전환되고, 작가와 아동 독자 사이의 관계는 작가가 일방적으로 지배하는 우월한 관계에서 벗어난다.

이렇듯 작가와 독자가 서로 대화를 공유하며 이야기를 전개하는 혁신적인 방식에도 불구하고, 《물의 아이들》은 사실과 환상이 뒤섞인 독특한 서사 구조로 인해 한동안 비평가들로부터 문학적 가치를 인정받지 못한다. 데보라 스티븐슨(Deborah Stevenson)은 1997년에 발표된 한 논문에서 이 작품이 흔히 아동문학의 고전이라고 느껴지는 정전이라고 인식되는 감정이 생기지 않으므로 문학 정전으로서 가치가 없다고 비판한다. Q. D. 리비스(Q. D. Leavis)는 1976년에 발표된 한 논문에서 이 소설의 사실적 구조는 성공적이지만 "이후 [환상이 시작되는] 부분부터 문제가 있다"라고 지적한다. 한발 더 나아가 존 로 타운젠드(John Rowe Townsend)는 1996년에 집필한 책 《어린이를 위한 글: 영어권 어린이 문학의 개요》(Written for Children: An Outline of English-language Children's Literature)에서 "상징으로 얼기설기 얽힌 후반부가 조잡하게 선개되면서 킹즐리가 자기 작품을 거의 망치고 있다"라고 혹평한다.

그렇지만 조너선 패들리(Jonathan Padley)는 2009년에 발표한 논문 〈주변화된 경계표시자〉(Marginal(ized) demarcator)에서 《물의 아이들》을 정전으로 재평가해야 한다라고 주장한다. 그는 이 소설이 사실과 환상의 경계에 관심을 두고 있는 이야기이므로, 사실과 환상의 긴밀한 연관성을 분석해야 한다고 설명한다. 게다가 환상과 사실적 내용 간의 불일치를 평가할 것이 아니라 환상의 형식적 측면에서 소설의 딜레마를 이해해야 한다고 지적한다.

《물의 아이들》의 문학적 논의

《물의 아이들》은 서사 구조에 기반한 분석 이외에도 발렌타인 커닝햄(Valentine Cunningham)이 1985년에 발표한 논문 〈그 시대의 《물의 아이들》〉(The Water-Babies in its time)에서 이루어진 논의를 토대로 다각적인 측면에서의 연구가 진행되었다. 커닝햄은 전래 동화 분석을 통해 《물의 아이들》이 신데렐라 이야기에 나오는 역경에 처한 인물의 유형을 모델로 삼고 있다고 지적하고, 그러한 인물들을 삶의 끝자락, 즉 한계상황으로 내모는 시대적·사회적 불합리성을 연구한다. 그의 연구는 산업화로 불거진 아동 착취, 계층 불평등의 사회 문제와 더불어 죄와 처벌, 구원에 대한 종교적 문제를 두루 포함하기 때문에 비평가들에게 다양한 주제를 제시해준다.

캐서린 닐리 주드(Catherine Nealy Judd)는 2017년에 발표한 논문 〈찰스 킹즐리의 《물의 아이들》〉(Charles Kingsley's The Water-Babies)에서 이 소설의 분석이 영국의 문제에만 치중한다는 점을 지적하고, 이 소설을 아일랜드나 미국의 사회적 문제와 관련지어 분석해야 한다라고 주장한다. 주드는 영국 노동자의 문제를 아일랜드 농민과 아프리카계 미국인 노예가 처한 상황과 서로 연관지어 분석함으로써 이 소설의 연구 범위를 확장한다.

조-앤 월리스(Jo-Ann Wallace)는 1994년에 발표한 논문 〈《물의 아이들》 서술 해체하기〉(De-scribing The Water Babies)에서 찰스 킹즐리가 빈민 계층의 노동 조건을 향상시켜 생존율을 높이려는 목적이 사실은 제국의 팽창과 연결되어 있다고 주장한다. 월리스는 가난한 노동 계층의 아이들을 일종의 인간 자본으로 만들어 제국주의 확장에 투자되기를 바라는 킹즐리의 마음이 이 소설에서 판타지의 형식으로 암호화되어 있다고 주장한다. 그러나 킹즐리가 보여주는 노동 계층에 대한 강한 연민과 보살핌, 그리고 그가 추구하는 도덕적·사회적 이념을 고려한다면 킹즐리를 제국주의자 혹은 인종차별주의자로 비난하는 것은 적절치 않아 보인다.

다른 무엇보다 이 소설은 진화론과 관련된 주제가 비평의 핵심을 이룬다.[15] 제시카 스트레일리(Jessica Straley)는 2018년에 출간한 책 《빅토리아 시대 아동문학의 진화와 상상력》(Evolution and Imagination in Victorian Children's Literature)에서 발생반복설(recapitulation theory)[16]을 적용하여 《물의 아이들》을 재해석한다. 스트레일리는 찰스 킹즐리가 아이들을 인류의 원시적 혈통의 흔적으로 간주하고, 진화 사다리를 막 오르기 시작한 동물 상태의 아이들을 인간으로 진화시키는 도덕적·정신적 조건을 탐색한다고 설명한다. 스트레일리는 이 책에서 킹즐리가 영국 철학자이자 사회학자인 허버트 스펜서(Herbert Spencer, 1820~1903)의 과학에 바탕을 둔 경험주의 교육 이론을 수용하며 진화론을 전개하고 있지만, 보이지 않는 자연 너머의 영역에 다가가기 위한 상상의 힘, 즉 판타지의 요소를 강조하며 진화의 의미를 확장한다고 지적한다.

이에 반해 클레어 에츠터링(Clare Echterling)은 2018년에 발표한 논문 〈빅토리아 시대와 에드워드 시대 소설 속 퇴화와 환경〉(Degeneration and

---

15 찰스 다윈의 진화론이 빅토리아 시대 문학에 끼친 영향에 관한 연구는 질리언 비어(Gillian Beer)의 《다윈의 플롯》(Darwin's Plots, 1983)과 조지 르바인(George Levine)의 《다윈과 소설가》(Darwin and the Novelists, 1988)가 대표적이다.

16 E. H. 헤켈이 제창한 생물의 개체발생에 관한 학설로서 생물발생원칙(biogenetic law)이라고도 한다. 헤켈은 생물의 개체발생 과정은 계통발생 과정을 단축하여 급속히 반복한다고 주장한다. 따라서 개체의 발생 초기에는 일반적인 성질이 나타나고 발생 후기로 갈수록 각 개체에 따른 특수한 형태가 나타나게 된다. 원시적인 종류에서 나타나는 구조가 진화된 동물의 발생 초기에 생겼다가 후기에 사라지거나 거의 알아볼 수 없을 만큼 변한다.

the environment in Victorian and Edwardian fiction〉에서 퇴화에 주목함으로써 타락한 환경이 인간에게 미치는 영향을 분석하고, 자국과 식민지의 해로운 환경이 인물들의 신체와 정신의 기능을 퇴화시켜 영국의 정체성에 위협을 가한다고 언급한다. 에츠터링은 《물의 아이들》에서 찰스 킹즐리가 자연과 인종을 퇴보시키고 있는 환경 문제를 드러내고 있다고 설명한다. 에츠터링의 연구는 산업화로 인한 도시의 오염을 퇴화의 단계로 분석하고 있다는 점에서 환경주의자로서의 킹즐리의 면모를 부각한다.

또 다른 측면에서 애나 닐(Anna Neil)은 2014년에 발표한 논문 〈《물의 아이들》에서의 놀라운 유연성과 종의 운명〉(Marvelous plasticity and the fortunes of species in *The Water-Babies*)에서 판타지 문학이 인간 본성에 미치는 영향을 추적한다. 닐은 생물학적 진화와 문화적 진화의 관계성을 탐색하면서 문화적 진화가 환경을 조절함으로써 생물학적 진보 가능성을 높인다고 설명한다.

한나 스와미도스(Hannah Swamidoss)는 2013년에 발표한 논문 〈중간적 몸과 도덕의 형성〉(The interstitial body and moral formation)에서 톰이 진입한 물의 세계를 문화의 변용이 일어나는 제3의 문화(third culture) 공간이라고 간주한다. 스와미도스는 사회학 이론을 도입해 이 작품을 분석하면서, 톰이 인간과 동물 사이를 넘나드는 중간성(interstitiality) 상태를 통해 제3의 문화 공간으로 들어가 새로운 도덕적 자아를 형성한다고 설명한다.

이 외에도 《물의 아이들》에서 환경주의자 혹은 생태학자로서의 찰스 킹즐리의 특성을 분석한 주요 논의로는 나오미 우드(Naomi Wood), 브렌든 래플(Brendon Rapple), 크리스토퍼 햄린(Christopher Hamlin)의 연구가 있다. 우드는 찰스 킹즐리를 최초의 환경주의자로서 언급하며 인간과 자연의 생물학적·은유적 연계성을 밝힌다. 특히 우드는 킹즐리가 자연을 대표하는 물을 모든 생명의 어머니로 인식하고, 깨끗하고 변화무쌍한 물의 특성을 통해 '재사용을 통한 재생'이라는 메시지를 전달하고 있다고 설명한다. 래플은 물을 정화제로 정의하며, 물이 신체적·정신적 청결에 미치는 의미를 탐구한다. 래플의 연구는 질병을 예방하는 위생의 역할, 기독교적 세례의 상징, 도덕적·정신적 재탄생을 의미하는 물의 특성에 초점을 둔다. 햄린은 킹즐리가 생태적 삶의 방식을 직접 행동으로 보여준 작가로서 많은 설교와 연설을 통해 소위 '녹색 의제'를 실천했다고 주장한다. 햄린은 킹즐리가 단순히 과학적 지식에 치우치거나 고착화된 이론을 중시하는 생태적 비평에 실망했으며, 타인의 관점에서 생각함으로써 그에 따라 행동할 것을 강조했다고 설명한다.

요약하자면, 《물의 아이들》에 대한 비평은 19세기 판타지 소설의 효시로서의 서사 구조 분석, 계급 불평등, 진화론의 논란 등 빅토리아 시대가 직면한 다양한 사회 문제와 더불어 생태적 측면에서의 환경 문제를 다루고 있음을 보여준다. 최근 생태계 위기, 기후변화, 감염병 확산의 공포 등으로 인하여 전 세계적으로 환경 문제의 중요성이 더욱 두드러지고 있다. 이런 상황 속에서 《물의 아이들》에 대한 생태학적 연구의 필요성과 중요성이 증대되었고, 향후 더 많은 연구가 이루어질 것이라 예상된다. 이 책은 앞서 언급한 바와 같이, 생태언어학적 방법을 통해 텍스트의 서사 구조와 언어 표현이 생태학적 주제와 어떻게 연계되는지를 분석한다. 이러한 분석은 단순한 작품 해석 혹은 문학적 비평을 넘어서 문학과 언어학이 환경 문제에 어떻게 접근하고 대응하고 있는지에 대한 통합적 관점을 제공할 것이다.

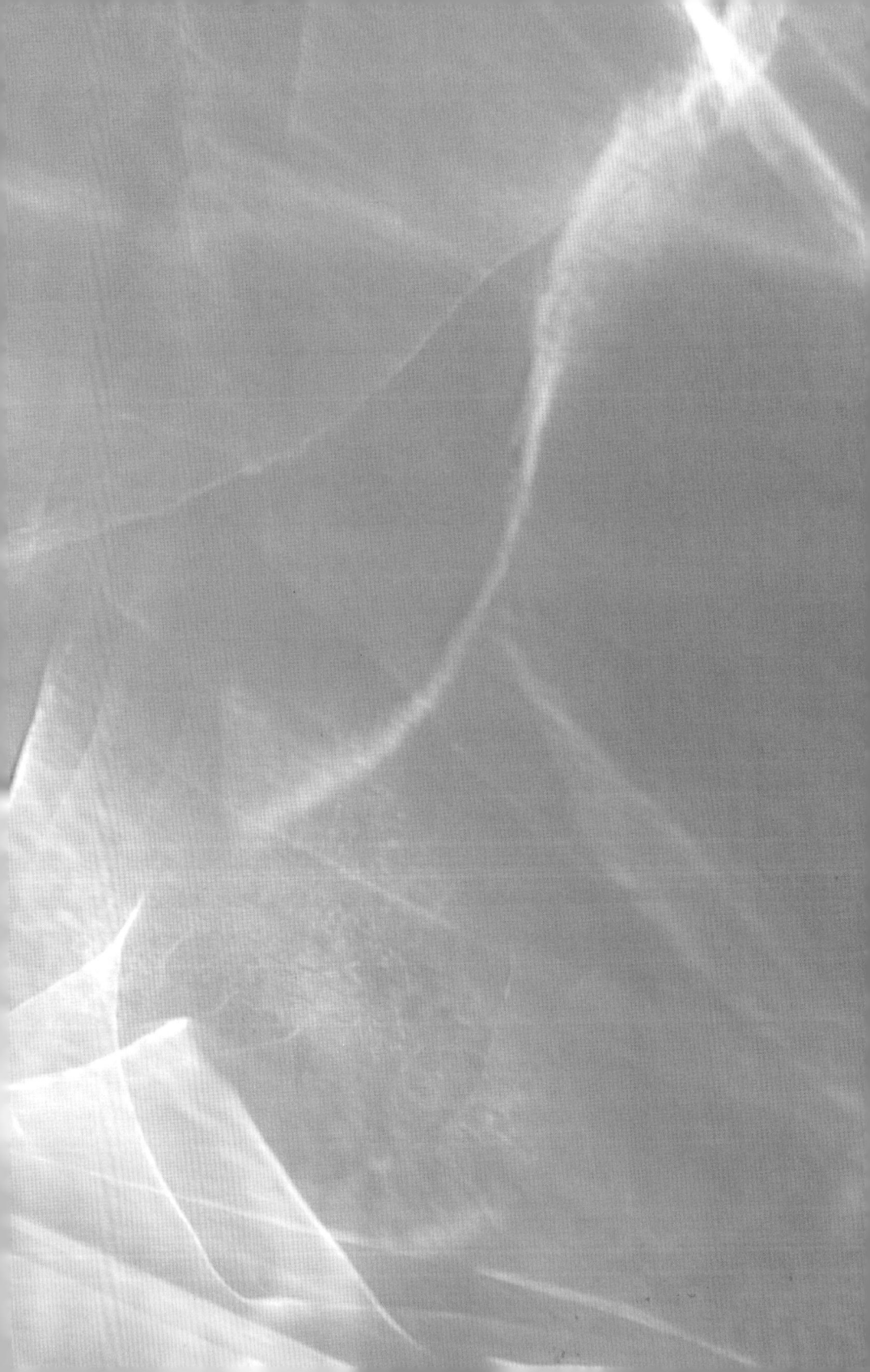

제3장
오염 담화와 개념적 혼성

《물의 아이들》에 나타난 환경오염은 사회와 인간성의 오염을 드러내는 매개체가 된다. 당시 심각한 환경 문제가 되었던 대도시의 매연과 수질오염은 노동자의 극심한 빈곤, 계층 불평등, 아동 노동 착취 등의 사회 문제와 결부되어 사회의 부패를 보여주고, 사회의 오염은 철저히 공리주의적 사고에 바탕을 둔 인간성의 파괴 현상과 맞물려 있다. 이 장에서는 담론 중심의 비평적 입장과는 달리 인지언어학적 접근법을 주요 분석의 틀로 삼는다. 특히 이 소설에 묘사된 자연의 오염이 인간과 사회의 오염을 의미하고, 이 요소들이 생태계 안에서 서로 영향을 주고받는다는 점을 은유적 사상을 통해 비판적으로 제시한다. 자연과 인간, 사회 간의 밀접한 상호연결성을 통해 오염의 원인을 다양한 측면에서 분석함으로써 생태 위기의 근본적 원인을 비판적으로 조명하고자 한다.

생태적 관점에서 오염은 환경에 흔히 잘못된 장소에 너무나 많은 무언가가 존재하는 것으로 인식된다. 머레이 북친은 오염의 문제를 생물학적 환경을 벗어나 사회 환경의 영역까지 확장한다. 그는 하나의 자연이 두

개로 분화되어 하나는 제1의 자연 혹은 생물학적 자연으로, 두 번째는 제2의 자연 혹은 사회적 자연으로 진화되었음을 밝힌다. 그는 자연과 사회가 상호 간에 긴밀히 연결되어 있음을 주장하고, 자연의 위기는 곧 삶의 위기를 반영한다고 본다.

《물의 아이들》이 출판된 빅토리아 시대는 산업화가 절정에 이르던 때로 '잘못된 장소에서의 잉여'로 인해 생물학적 환경오염이 만연한 시기였다. 영국 대도시에 밀집된 많은 사람, 즐비한 공장과 주택, 하늘을 뒤덮은 매연, 쓰레기로 넘치는 하수구에서 발생하는 다량의 화학물질은 환경을 오염시켰다. 사회생태학적 측면에서 바라볼 때 이 시대에 등장한 작품들은 오염된 자연환경이 인간성 몰락 및 사회 부패와 인과적 관계에 놓여 있음을 비판적으로 보여준다. 브렌든 래플은 《물의 아이들》에서 표현된 영국의 오염된 환경이 사람들의 도덕적·사회적 부패에서 기인하고, 죄로 물들어가는 인간의 본성이 자연환경뿐만 아니라 사회를 병들게 만드는 원인이 된다고 지적한다.

《물의 아이들》에 나오는 아래의 시는 이 소설의 큰 줄기를 관통하는 환경오염과 인간성 오염의 상호관계를 개념적 은유를 통해 보여준다.

> 축축하고 눅눅한, 축축하고 눅눅한
> 어두컴컴한 굴뚝 갓을 쓴 연기 자욱한 마을에서
> 눅눅하고 축축한, 눅눅하고 축축한
> 부두, 하수구, 끈적끈적한 둑에서
> 내가 앞으로 갈수록 점점 더 어두워져 가고,
> 부자가 될수록 더욱 천해지네.
> 누가 죄로 오염된 사람과 놀겠는가?

엄마야, 아가야, 나한테서 떨어져, 나에게서 등을 돌려. (23)

이 시에 표현된 개념적 은유를 도식화하면 다음과 같다.

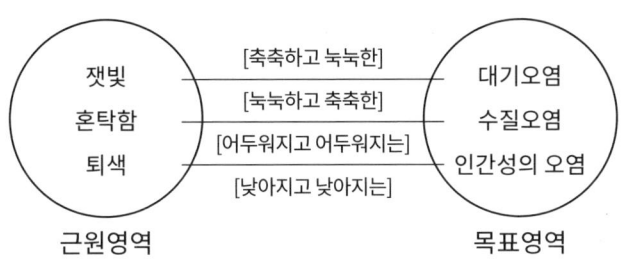

오염의 개념적 은유

이 시에서는 **오염**은 목표영역이고 **어둠**은 근원영역으로서, 오염은 어두운 색이다라는 개념적 은유가 등장한다. 이때 근원영역의 요소 [잿빛], [혼탁함], [퇴색]은 각각 불투명하고 어두우며 선명하지 않은 색상을 나타낸다. 이 요소들은 [축축하고 눅눅한], [눅눅하고 축축한], [어두워지고 어두워지는], [낮아지고 낮아지는]과 같은 언어 표현을 통해 목표영역으로 사상된다. 말하자면, [잿빛]은 [축축하고 눅눅하다]를 반복적으로 표현함으로써 매연으로 인해 뿌옇게 변한 대기오염을 의미하게 하고, [혼탁함]도 [눅눅하고 축축하다]를 강조함으로써 부두와 하수구, 끈적끈적한 둑에 고여 있는 물의 더러움을 비유하게 한다. 그리고 [퇴색]은 색상이 어두워지면서 점점 인간 본연의 상태를 잃어가는 인간성의 타락을 상징하게 된다. 이처럼 근원영역의 요소는 목표영역의 요소인 [대기오염], [수질오염], [인간성의 오염]으로 사상된다.

여기에서 중요한 것은 대기오염과 수질오염을 비유하는 [축축하고 눅눅한] 혹은 [눅눅하고 축축한]이라는 언어 표현이 반복적으로 사용되면서 끈적거리는 대기와 질척거리는 물의 오염 상태를 더욱 부각한다는 점이다. 더욱이 이런 자연의 오염은 연쇄적으로 인간성을 퇴색시켜 사람을 [어두워지고 어두워지는] 상태와 [낮아지고 낮아지는] 상태로 만들고 있다. 어두운 것은 '마음이 검다', '성격이 어둡다'와 같이 부정적인 의미로서 인간성의 어두운 내면을 나타낸다. 또한 방향의 맨 아래를 향해 낮아지는 것은 **좋음은 위이다; 나쁨은 아래이다**라는 개념적 은유 때문에 점점 나락으로 치닫는 인간의 죄를 의미한다. 따라서 이 시에서 오염된 환경에 사는 '나'는 '죄로 오염된' 상태가 된다. 이러한 은유 방식은 우리의 사고체계에 다음과 같은 대기-물-인간 간의 오염의 순환 구조를 생성해낸다.

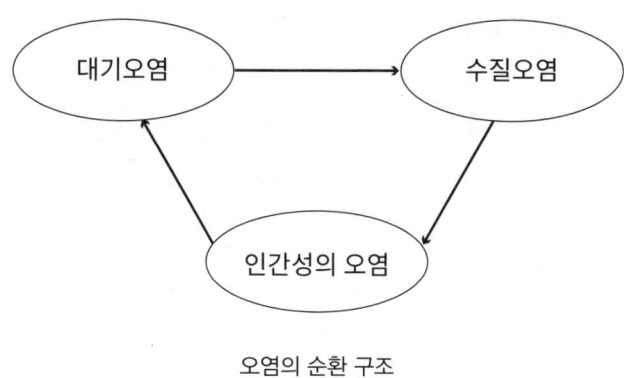

오염의 순환 구조

위 그림에서처럼 오염의 순환 구조는 우리의 사고에 새로운 개념적 체계를 형성함으로써 자연의 오염은 인간성의 오염을 일으키고, 인간성의 오염은 자연의 오염을 일으키면서 서로 영향을 주고받는다는 사실을 보여준다.

3.1 굴뚝과 인간성의 오염

빅토리아 시대의 굴뚝 매연

공장 굴뚝에서 내뿜는 검은 매연은 산업화의 과정에서 발생한 대표적인 오염물질이다. 레이첼 카슨은 모든 생명체 중에서 오로지 인간만이 암 유발 물질을 인공적으로 만들어내는 존재이고, 그 발암 물질이 바로 공장의 매연이라고 지적한다. 인간이 발생시킨 매연은 자연환경을 잿빛 가득한 유독한 환경으로 대체시키고, 생태계의 생물학적 변화를 유발한다.

빅토리아 시대의 많은 문학 작품에서 굴뚝은 자연의 오염과 인간성의 파괴에 대한 담화의 소재가 되었다.[1] 이와 마찬가지로《물의 아이들》에서 굴뚝은 환경을 오염시키는 검은 매연과 그을음을 연상시키며 생태 파괴적 담화를 구성하는 하나의 중요한 틀(frame)[2]을 만들어낸다.《물의 아

---

[1] 예를 들어, 찰스 디킨스의《어려운 시절》에 나오는 북부의 코크타운(Coketown)은 '기계 부품과 높은 굴뚝'의 이미지로서 기계 소음과 매연 가득한 도시의 오염된 환경을 보여준다. 더욱이 코크타운의 뜨거운 열기는 붉은 벽돌의 도시로, 음산하고 타락적인 도시의 분위기는 '뱀이 똬리를 튼 것 같은 모습의 굴뚝 매연'으로 묘사된다. 한편《물의 아이들》은 윌리엄 블레이크(William Blake, 1757~1827)의 시 〈굴뚝청소부〉(The Chimney Sweeper, 1789)와도 관련이 깊다. 두 작품은 같은 시대적 상황에서 톰(Tom)이라는 이름의 동일한 주인공을 등장시키고, 굴뚝청소부의 비참한 현실을 바탕으로 이야기를 풀어나가고 있다. 이 시는 빅토리아 시대 산업화의 어두운 단면을 굴뚝의 이미지를 통해 보여주고, 굴뚝청소부 톰을 통해 아동 노동 착취를 자행하는 사회의 부정적 현실을 파헤치고 있다. 블레이크는 이 시의 3연에서 굴뚝을 검은 관에 비유하면서 굴뚝청소부 아이들은 모두 검은 관에 갇혀 있다고 표현한다. 이는 사회의 무자비한 폭력에 희생되는 아이들의 비극적 상황을 폭로한다.

[2] 인지언어학에서 틀은 은유와 마찬가지로 인간의 인지를 이루는 체계로서 우리가 세상을 바라보는 방식을 구성하는 정신적 구조 또는 개념적 범주의 구조화된 정신적 표상이다. 틀은 여러 학문에서 다양한 방법으로 정의되고 있으며 흔히 도식(schema), 이상화된 인지모형(idealised cognitive model), 스크립트(script)와 관

이들》에서 굴뚝의 틀은 톰이 굴뚝에서 경험하는 다양한 지식과 체험을 통합시키는 인지적 체계를 이룬다.

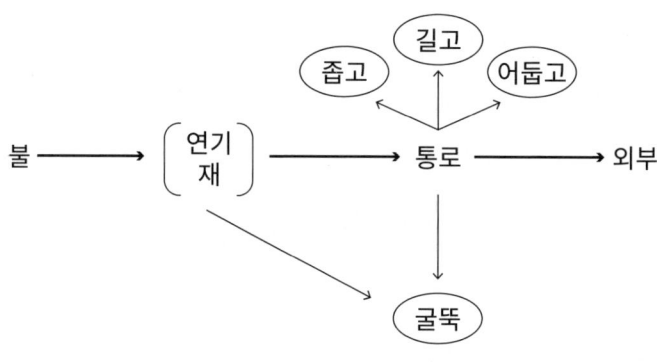

굴뚝의 인지적 틀

이 소설에 나타난 굴뚝의 인지적 틀은 톰의 경험을 기반으로 형성된다. 굴뚝은 연기와 재로 가득 차 있고, 굴뚝의 통로는 좁고 길고 어둡다. 우리의 인지적 구조가 신체화된 경험(embodied experience)을 통해 형성된다는 사실은 인간의 사고체계인 은유도 신체화된 경험을 토대로 작용한다는 점을 암시한다.[3] 따라서 굴뚝의 인지적 틀은 톰이 굴뚝에서 겪는 경험,

---

련된 용어로 사용된다.

[3] 인간의 몸에 관한 관심에서 출발한 체험주의 철학은 몸이 우리의 이성에 큰 영향을 끼치고, 몸의 경험을 통해 우리의 인지가 형성된다는 사실을 제시한다. 이에 대해 마크 존슨(Mark Johnson)은 우리가 이성적 동물(*rational* animal)임과 동시에 이성적 **동물**(rational *animal*)이라고 말하며, 인간이 이성적 측면과 동물적 측면을 모두 가지고 있다고 말한다. 레이코프와 존슨은 삶의 어떠한 은유도 체험적 근거와 별개로 이해되거나 적절히 표현될 수 없다고 설명한다.

즉 "피곤하고 배고픈 상태로 매 맞으면서 어두운 굴뚝으로 보내졌던" 경험을 통해 신체화된 것으로 이해될 수 있다. 이에 따라 톰이 경험한 폭행과 혹독한 노동의 의미가 굴뚝과 맺는 인과적 관련성을 살펴봄으로써 기형적 형태의 굴뚝이 상징하는 오염의 실체를 파악할 수 있다. 더 나아가 굴뚝이 상징하는 현실 세계에서 타락해가면서 사회에서 '범죄자'로 여겨지는 톰의 개념화를 심층적으로 이해할 수 있다.

'굴뚝청소부 톰'의 총칭공간

《물의 아이들》에서 굴뚝의 틀과 은유가 작용하는 방식은 포코니에와 터너가 주장한 개념적 혼성 이론[4]을 통해서 파악할 수 있다. 개념적 혼성 이론에서 제시하는 개념적 통합망을 《물의 아이들》의 현실 세계에 등장하는 '굴뚝청소부 톰'에 적용해볼 수 있다. 우선, 어린이에 대한 입력공간$_1$과 굴뚝청소부에 대한 입력공간$_2$ 그리고 두 입력공간에 공통되는 [분류], [공간], [주변인], [사고체계], [외관]이라는 총 다섯 가지 속성으로 구성된 총칭공간 간의 연결을 제시하면 다음과 같다.

---

[4] 개념적 혼성 이론은 기존의 레이코프와 존슨이 제안한 개념적 은유 이론의 한계를 보완한 것으로, 특히 문학 작품에서 발생하는 복잡한 은유를 파악할 때 유익하다. 포코니에와 터너에 의하면 개념적 은유는 근원영역과 목표영역에 동일하게 대응되는 개념에서만 통합이 일어나고, 두 영역에 대응되지 않는 은유적 사상과 이로 인해 새롭게 발현되는 의미를 설명하지 못한다는 제약이 존재한다. 그러나 개념적 혼성 이론은 두 개의 인지영역이 아닌 네 개의 정신공간(mental space)으로 구성된 다(多)공간을 상정하고, 정신공간 사이의 개념적 내용을 혼성하여 역동적으로 의미를 창출해낸다는 점에서 문학 작품의 해석에 발전적인 분석 방안을 제시한다.

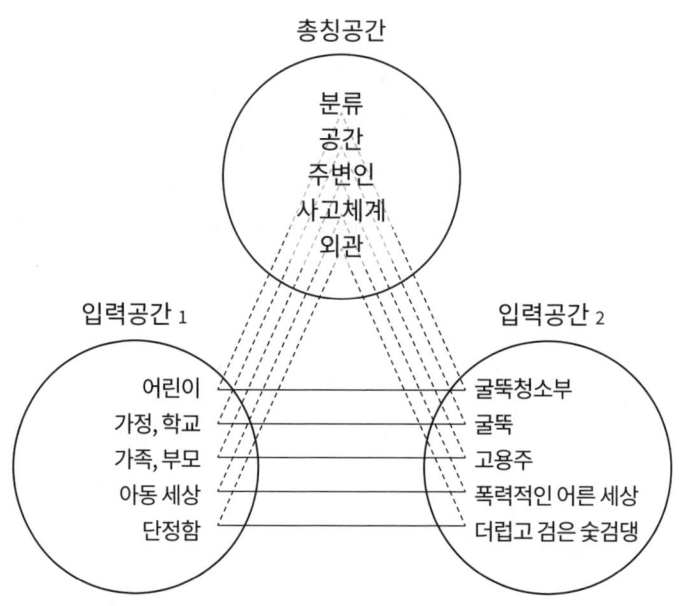

'굴뚝청소부 톰'에 대한 입력공간과 총칭공간의 연결

입력공간₁의 각 요소는 입력공간₂의 각 요소와 사상되고, 사상된 각 요소는 총칭공간에 있는 두 요소를 아우르는 상위의 개념으로 투사된다. 총칭공간 속의 다섯 가지 속성에 비추어 어린이 굴뚝청소부가 혼성공간에서 추방해야 할 '범죄자'로 귀착되는 과정을 텍스트 분석을 통해 단계별로 설명할 수 있다.

첫째, [분류] 속성에서 보자면 톰은 어린이가 아닌 굴뚝청소부로 사상된다. 이 소설에서 굴뚝청소부 톰은 '먼지와 때로 뒤덮인 영국 노동 계층의 사회적 몸체'를 대표한다. 당시 도시 빈민 계층의 아이들은 매우 하찮은 존재로 인식되었고, 단순히 돈을 버는 수단으로 여겨졌다. 그들은 굴뚝청소부로 내몰려 무자비한 노동에 시달렸다. 아이들은 먼지와 재로 가득 찬 좁디좁은 굴뚝 안에서 온몸에 숯검댕을 뒤집어쓴 채 힘겹게 일해야 했다. 유독한 매연으로 가득 찬 굴뚝은 아이들에게는 죽음의 공간과 다를 바 없었다. 특히 톰이 사는 북쪽 지역의 대도시는 개발로 인한 환경오염이 절정에 이르던 곳으로, 도시에 즐비한 공장과 주택 굴뚝에서는 쉴 새 없이 검은 연기가 뿜어져 나왔다. 청소해야 할 많은 굴뚝은 '주인이 쓸 돈을 위해 톰이 벌어야 할 많은 돈'을 의미했다. 톰은 사지조차 뻗을 수 없는 비좁은 굴뚝 속에서 하루하루 생사를 넘나들고 있었다.

> 그는 연약한 무릎과 팔꿈치를 맨살로 쓸리면서 캄캄한 굴뚝으로 올라가야 할 때 울었고, <u>재가 눈에 들어갈</u> 때도 울었다. 매일 이런 날이 일어났다. 주인아저씨가 때릴 때도 울었다. 아저씨는 매일 때렸다. 먹을 것이 부족할 때도 울었다. 매일 먹을 것이 부족했다. (1)

위의 인용에서 굴뚝은 톰에게 고통을 가하고, 배고픔과 아픔을 느끼게 하는 현실 세계에 비유된다. 톰이 자신을 고용한 그라임즈(Grimes)의 명령에 따라 굴뚝을 올라가야만 했다는 표현에서 알 수 있듯이, 굴뚝은 톰이 극복할 수 없는 현실의 높은 '벽'과 장애물을 의미한다. 연약한 무릎과 팔꿈치를 맨살로 쓸리면서 비좁은 굴뚝을 올라가는 것은 톰에게 너무나 큰 고통이다. 더욱이 굴뚝의 숯검댕이 눈에 들어가면 톰은 눈을 뜨지도 못하는 아픔에 시달린다. 위의 밑줄 친 문장에서 숯검댕이 문장의 주어인 행위자가 되어 톰의 눈으로 들어가고 있다. 이는 현실 세계가 톰에게 가하는 일방적인 폭력으로 해석된다.

둘째, [공간] 속성에서 보자면 톰의 거주 공간은 어린이가 거주해야 할 가정이나 학교가 아니라 굴뚝청소부의 일터인 굴뚝이다. 톰이 청소해야 하는 굴뚝은 기형적인 모양을 통해서 인간의 뒤틀린 본성을 나타낸다. 아래의 인용에서 보는 바와 같이 커다랗고 기형적인 모양의 굴뚝은 마치 죄가 꼬이고 꼬여 뒤틀려버린 인간의 타락한 심성을 상징한다.

> 그가 얼마나 많은 굴뚝을 청소했는지는 말할 수 없지만, 너무 많은 굴뚝을 청소했기 때문에 그는 너무 지쳤고, 어지러웠다. 왜냐하면 그곳의 굴뚝은 익숙한 마을의 굴뚝과 같지 않기 때문이었다. 여러분도 만약 굴뚝으로 올라와서 보게 된다면 알게 될 것이다. 하지만 여러분은 그러고 싶지 않을 것이다. 시골에 있는 오래된 저택의 커다랗고 기형적인 모양의 굴뚝으로 여러 번 개조하면서 이어붙인 (오웬 교수의 표현으로) 상당히 접합된 굴뚝이었기 때문이다. 그래서 톰은 굴뚝 안에서 길을 잃었다. (12)

존 하트호버(John Harthover) 저택의 많은 굴뚝은 현실 세계가 톰에게 강제로 부여한 힘겨운 짐을 의미한다. 굴뚝은 자연스러운 형태에서 벗어나 수없이 개조되어 변형되었다. 개조된 굴뚝은 비뚤어져 있고, 비뚤어진 것을 고치고 또 고치는 과정에서 완전히 미로처럼 얽혀 있다. 칠흑 같은 어둠 속에서 수없이 변형된 굴뚝은 톰의 행로를 방해하고, 길을 잃게 만들어 출구를 찾을 수 없게 만든다. 이처럼 현실 세상은 톰을 어둡고 비좁은 굴뚝의 공간에 가두어 어린이가 정상적으로 거치게 되는 성장 과정을 경험하지 못하도록 만든다.

셋째, [주변인] 속성에서 살펴보자면 톰의 주변에는 어린이가 마땅히 누려야 할 가족이나 부모라는 존재가 없다. 대신 악독한 고용주가 존재한다. 굴뚝의 숯검댕이 톰에게 신체적으로 해를 가하는 암묵적 행위자 역할을 하듯이, 톰의 주인 그라임즈는 톰을 학대하는 행위자로 기능하고, 그의 가혹성은 명시적 학대자로 드러난다. 오염물질로 가득한 굴뚝은 그라임즈의 어두운 내면을 비추는 은유로 작용한다. 톰의 아픔과 슬픔에는 무관심한 그라임즈는 도덕적으로 오염된 사람의 전형으로 표상된다. 그는 톰을 노예처럼 부리며 착취한 돈으로 술에 빠져 산다.

(a) 그는 손으로 톰을 때려눕혔다. 그리고 더 많은 술을 마셨다. (3)
(b) 그라임즈는 울지 않았다. 존 경이 그에게 10파운드를 주었고, 그는 일주일 내내 그 돈으로 술을 마셨다. (43-44)

위의 인용에서 그라임즈는 폭군이자 알코올 중독자와 같다. 그는 상습적으로 톰에게 폭력을 행사하고, 끊임없이 술을 마신다. 톰이 죽었다는 소식을 듣고서도 슬퍼하는 기색도 없이 계속해서 술을 마시는 그라임즈의 행동은 인간애가 전혀 없는 매정함을 보여준다. 아래의 인용에서 보듯이 알코올에 중독된 그라임즈의 입에서 흘러나오는 온갖 욕설과 폭언은 이미 악에 오염되어버린 그의 더러운 본성을 반영한다.

(a) 그는 전혀 반성하지 않은 냉혈한이며, 상스럽고 더러운 입을 가진 사람이다. 그는 이곳에서 허락되지 않는 술과 담배 생각밖에 하지 않는다. (180)
(b) 그는 톰에게 달려가 끔찍한 욕설을 퍼붓고, 무릎을 꿇고 있는 톰을 세워 마구 때리기 시작했다. (7)
(c) 그는 추한 머리를 샘물에 담그며 물을 마구 더럽혔다. (7)

(a)에서 보듯이, 그라임즈가 술과 담배 이외에는 다른 것은 생각할 능

력도 없고, 원하는 것도 없다는 사실은 그가 이미 술과 담배에 중독되어 이성을 상실한 상태로 희망을 잃어버렸음을 의미한다. 그는 '등에 오염된 옷을 걸치고, 오염된 말을 일삼는 끔찍하게 더러운 인간'의 모습을 보여준다. (b)에서 그라임즈의 폭언은 끔찍한 폭행으로 바로 이어진다. 그라임즈가 톰에게 가하는 지속적인 폭행과 폭언은 한 마디로 아주 더러운 것이다. 더욱이 (c)에서 깨끗한 물을 단숨에 오염시켜버리는 그라임즈 자신이 그 더러움을 만들었다는 사실이 강조되고 있다. 이는 오염을 일으키는 행동의 주체로서 그라임즈가 스스로 타락한 존재임을 증명해주며, 톰에게 주어진 주변 환경의 척박함과 가혹함을 여지없이 드러낸다.

넷째, [사고체계] 속성에서 보자면 톰의 인식 체계는 어린이의 시선인 아동 세계관에 의해 작동되지 않는다. 그는 왜곡된 성인의 시선으로 세상을 바라보며 폭력적인 어른 세상을 추앙한다. 어두운 굴뚝에서 힘겨운 노동을 체험한 톰은 세상을 올바로 인식하지 못한다. 톰의 무지는 굴뚝 내부의 어두운 공간의 구조적 특성에 기인한다. 굴뚝은 빛이 들어오지 않는 공간으로 톰의 시각적 능력을 앗아간다. 빛은 흔히 '희망', '생명', '앎' 등의 개념을 의미하므로 빛이 없는 굴뚝은 '절망', '죽음', '무지'와 관련된다. 특히 보는 것은 이해하는 것이다라는 개념적 은유 때문에 톰이 앞을 볼 수 없다는 사실은 그가 세상 지식에 대해 어둡고 무지한 상태로 세상을 올바로 이해하지 못하고 있음을 보여준다.[5]

---

5 밝은 것과 어두운 것은 잘 아는 것과 그렇지 않은 것으로 개념화할 수 있다. 이것은 빛을 비추면 더 잘 보이게 되는 경험에 근거한 인지 방식이다. I see에서 see는 '본다'가 아니라 '안다'는 뜻으로 의미가 확장되었다. 이는 시지각 영역이 정신적 활동 영역으로 의미가 확장된 것이다.

굴뚝 청소하는 것, 배고픈 것, 매를 맞는 것들은 비와 눈 그리고 천둥과 같이 세상을 살면서 겪어야 하는 당연한 것들로 받아들였다. (2)

위의 인용에서 톰은 굴뚝 청소하는 것, 배고픈 것, 그리고 매 맞는 것이 마치 자연의 이치처럼 당연하다는 사고방식을 내재화한다. 이는 톰이 폭력이 난무하는 환경에서 아무런 보호 장치 없이 폭행과 폭언에 길들여졌기 때문이라고 볼 수 있다. 톰은 그라임즈가 가하는 고통과 슬픔을 응당 스스로 감당해야 할 당연한 것으로 간주하고 부당한 폭력을 거리낌 없이 받아들인다. 설상가상으로 톰은 굴뚝의 숯검댕이 자신의 몸과 마음을 더러워지게 만들고 있음을 알지 못하고, 그라임즈가 살아가는 방식 그대로 닮아가기를 원한다.

언젠가 어른이 되었을 때, 즉 굴뚝청소부 주인이 되었을 때 마을 술집에 앉아 맥주를 한 잔 마시고, 긴 파이프 담배를 피우면서 은화로 카드 게임을 해야지. (2)

위의 인용에서 톰의 희망은 어른이 된 후에 조수들을 이끌며 굴뚝청소부의 주인 노릇을 하는 것이다. 톰은 그라임즈처럼 똑같이 술을 마시고, 담배를 피우고, 도박을 할 수 있는 '좋은 때가 올 거라고' 기대하고 있다. 이처럼 톰은 도덕성의 발달에 있어서 매우 미성숙하고 위험한 모습을 보인다. 굴뚝 밖 세상과의 접촉이 극히 제한되어 있었기 때문에 톰은 단지 그라임즈의 명령에 복종하면서 살아가는 방법만 배웠을 뿐이다.

주인아저씨가 자신에게 했던 것처럼, 어떻게 아이들을 괴롭히고 때려눕

힐지 생각해야지. 입에는 담배를 물고, 단춧구멍에 꽃 한 송이를 꽂고, 마치 군대를 거느린 대장처럼 아이들 앞에서 당나귀를 타고 와야지. 그들에게 숯검댕 자루를 끌게 만들면서. (2)

위의 인용에서 톰은 그라임즈와 같은 폭력적인 어른으로 성장하여 자신과 같은 처지의 아이들을 끊임없이 학대하고, 아이들에게 무거운 숯검댕 자루를 짊어지게 만드는 권력을 휘두르리라 생각하고 있다. 이는 폭력의 대물림 현상으로 톰은 그라임즈의 더러운 본성에 무의식적으로 노출되어 신체적, 정신적으로 오염되어가고 있는 현상을 보여준다. 톰의 사고체계는 그라임즈의 폭력에 길든 필연적 결과물이다.

다섯째, [외관] 속성에서 보자면 톰의 외모는 여느 단정한 아이의 모습과 거리가 멀다. 톰의 외모를 묘사할 때마다 반복적으로 등장하는 '더러운'이라는 단어는 그의 외적·내적인 더러움의 상태를 강조한다. 톰은 이미 불결한 상태로 다른 사람들에게 더럽고 검은 숯검댕과 같은 물질로 비친다.

(a) 모든 아이들이 톰의 더럽고 검은 모습을 보고는 놀랐다. (28)
(b) 사람들은 물속에 있는 검은 물체를 보고 톰의 시체이고, 그가 익사 당했다고 말했다. (43)
(c) 우리는 톰이 더 현명해지길 바란다. 지금 그는 오래된 검댕 묻은 껍질에서 벗어나 안전해졌다. (43)
(d) 은빛 송어는 톰의 검은색 얼굴을 보고 놀라서 날뛰었다. (31)

위의 인용에서 톰의 외모는 '어두운', '더러운', '검댕'과 같은 단어로 규정되고 있다. 더욱이 (b)에서 톰은 사람이 아닌 사물로 격하된다. 이는 검고 어두운 형상에 대한 사람들의 지각이 톰을 인간적 존재로 인식하지 못하고 있다는 사실을 보여준다. 지금껏 톰은 검게 변한 자신의 모습을 직접적으로 본 적이 없었기 때문에 사람들에게 비친 자신의 존재를 인식할 수 없었다. 설령, 톰이 자신의 모습을 여러 차례 지각했다고 해도 그 자신의 모습을 인식하는 단계에는 이르지 못했을 수도 있다. 그러나 톰은 청결하고 단정한 엘리(Ellie)의 방에 있는 거울을 통해 자신의 모습을 우연히 보게 된다. 이때 거울은 톰에게 자기 모습이 얼마나 더러운지를 깨닫게 만들어 비로소 자아의 실체를 들여다볼 수 있는 매개체 역할을 한다.

> 그리고 주위를 둘러보는데 추하고, 시커멓고, 누더기 걸친 형상이 멍한 눈으로 하얀 이를 드러내 히죽거리며 서 있는 것을 보았다. 화가 나서 그를 바라보고 있었다. 이렇게 아름다운 숙녀 방에 작고 시커먼 원숭이 같은 녀석이 있다니? 다시 바라보니 거대한 거울에 비친 자신의 모습이었다. 톰은 전에 한 번도 자신의 모습을 본 적이 없었다.
> 　그리고 톰은 생전 처음으로 자신이 더럽다는 것을 깨달았다. 부끄럽고 화가 나서 눈물이 쏟아졌다. (14)

위의 인용에서 보듯이 거울에 비친 톰의 외모는 추하고 시꺼먼 누더기를 걸친 형상으로 묘사되고 있다. 더욱이 사람이 아닌 시꺼먼 원숭이 새끼와 같은 동물로 보인다. 이로 인해 톰은 자신이 더럽다는 사실을 처절히 깨닫고, 더러운 모습에 수치심과 분노를 느낀다.

이상과 같이 총 다섯 개의 속성을 통해 앞서 제시한 그림에서 입력공간₂에 투영된 굴뚝청소부 톰은 어둡고 침침하고 왜곡된 굴뚝이라는 더러운 공간에서 비열한 악의 행위자 그라임즈의 폭력을 수동적으로 경험하며 뒤틀린 인식 체계를 대물림받고 있다. 이로 인해 톰은 '더럽고 검은 숯검댕'으로 뒤덮인 객체로 표상되고 있다.

'범죄자 톰'의 혼성공간

톰의 몸에 묻은 숯검댕과 더러운 외모는 톰의 존재가 사회에서 추방당해야 할 악의 대상임을 시사한다. 톰의 '검은 외모와 빈곤은 도덕적 타락과 연관되면서' 급기야 톰을 범죄자로 만든다. 톰은 굴뚝에서 단지 길을 잃었을 뿐 아무런 범죄도 저지르지 않았다. 그러나 저택의 사람들은 "톰이 도둑질과 강도질하러 오거나 집을 부수거나 불을 지르러 왔다"라고 여긴다. 사회에서 더러움의 대상이 된 톰은 이제 사회의 경계 밖으로 추방되어야 한다. 왜냐하면 빈민 계층의 더러움이 상류층의 깨끗함을 오염시켜 빅토리아 사회의 안정적 신분 질서를 위협할 수 있기 때문이다. 이는 톰과 접촉함으로써 계층 간의 구별이 서로 뒤섞일지 모른다는 상류층의 두려움을 나타내는 것으로 일종의 난잡에 대한 두려움으로도 볼 수 있다.

톰은 자신의 몸에 묻은 숯검댕과 더러움을 통해 사회적으로 인식되는 계층 간의 차별을 뚜렷이 인식한다. 톰은 더러운 몸을 씻지 않으면 세상 어디에도 자신이 들어갈 곳이 없다는 것을 알게 된다. 심성 착한 오두막집 주인인 노부인조차 톰의 더러움을 피하며 그를 집안으로 들이지 않는다. "네가 좀 더 깨끗했다면 내 침대에 눕히련만"이라는 가정법 표현은 톰이 깨끗하지 않기 때문에 오두막집 안으로 들어갈 수 없다는 차별적 현실을 확인시켜줄 뿐이다. 따라서 톰에게 필요한 것은 낙인과도 같은 숯검댕과 더러움을 지우는 것이다.

범죄자로 몰린 톰은 스스로의 노력으로 신체에 물든 '검댕을 지우려고 애를 썼지만,' '온몸에 묻어있는 검댕과 더러운 먼지'가 제거되지 않는 현실을 깨닫고는 괴로워한다. 더욱이 그의 귀에서는 "너는 너무 더러워, 가서 씻어"라는 환청이 계속 들린다. 이로 인해 "깨끗이 씻어야 돼, 깨끗해져야 돼"라고 되뇌며 더러움을 씻고자 하는 톰의 열망은 극에 달한다. 그러나 현실에서는 그 무엇도 톰의 몸에 물든 검댕을 제거할 수 없다. 톰에 묻은 숯검댕은 영원히 지울 수 없는 범죄자의 흔적으로 남는다. 결론적으로, 오염으로 뒤덮인 반생태적 현실 세계는 세상의 부산물로 오염된 톰을 궁핍과 위험의 족쇄인 굴뚝에 가두어 그를 영원히 더러움에 물들게 한다. 톰의 해방은 반생태적 현실 세계에서는 불가능해 보인다.

다음의 개념적 통합망은 입력공간$_1$의 어린이 객체가 입력공간$_2$의 굴뚝 청소부 어린이 객체로 사상되고, 결국 혼성공간에서 톰이 사회적으로 추방되어야 할 범죄자로 인식되는 의미구성 방식을 보여준다.

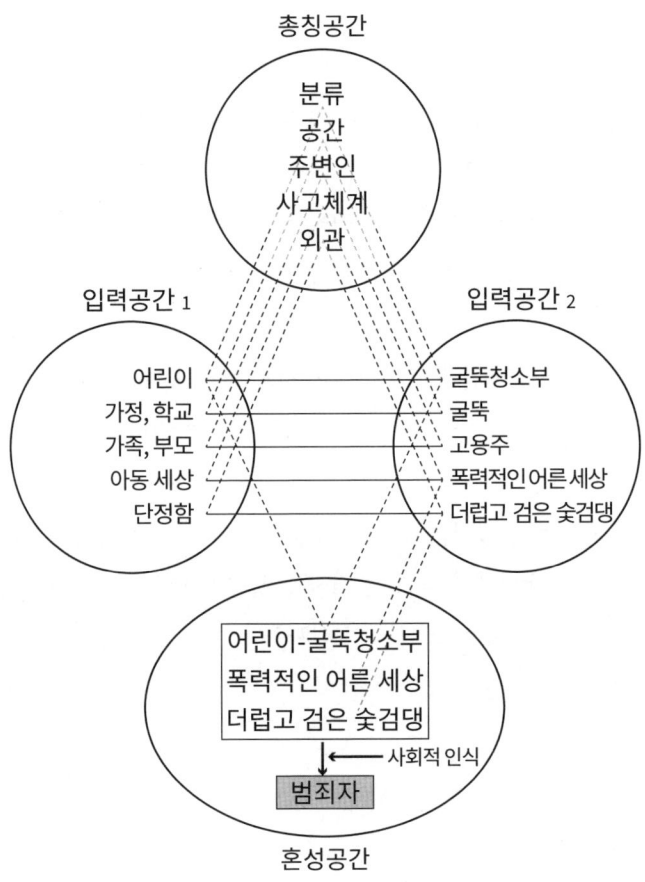

"톰은 범죄자이다"에 대한 개념적 통합망

위 그림에서 볼 수 있듯이, 입력공간$_1$의 [어린이], [가정, 학교], [가족, 부모], [아동 세상], [단정함]은 입력공간$_2$에 있는 [굴뚝청소부], [굴뚝], [고용주], [폭력적인 어른 세상], [더럽고 검은 숯검댕]과 각각 공간횡단 사상된다. 두 입력공간을 공유하는 총칭공간에는 [분류], [공간], [주변인], [사고체계], [외관]이라는 추상적 구조가 있다. 두 입력공간의 각 요소는 총칭공간의 요소로 사상되고, 총칭공간은 입력공간 사이의 공간횡단 사상을 제한한다. 다음으로 선택적 투사 작용이 일어남으로써 입력공간의 요소가 혼성공간으로 투사되면서 새로운 의미가 발현된다.[6] 즉, 입력공간$_1$의 [어린이]와 입력공간$_2$의 [굴뚝청소부]가 혼성공간에 들어가 [어린이-굴뚝청소부]로 융합된다. 이어서 입력공간$_2$의 [폭력적 어른 세상]과 [더럽고 검은 숯검댕]이 혼성공간에 각각 투사된다. 결국 혼성공간에서 굴뚝청소부 톰은 폭력적인 현실 세계에서 어둡고 검은 모습으로 인해 오염된 계층으로 격하되어 [범죄자]로 몰리게 된다는 새로운 의미가 구성된다. 이 개념적 통합망은 어린이 톰이 처한 비정상적 상황이 굴뚝청소부인 그를 폭력적인 어른 세상에서 추방해야 할 범죄자로 낙인찍는 필연적 과정을 나타낸다. 이 그림을 더 확장하면, 폭력적이고 반생태적인 환경에서 톰으로 대변되는 어린이 굴뚝청소부는 필연적으로 범죄자로 내몰리게 된다는 의미를 전달한다.

3.2 수질오염과 사회적 불평등

빅토리아 시대의 수질오염

오염의 틀을 구성하는 밑바탕에는 인간이 다른 생물 종보다 우월하다는 인간중심적 사고와 "성장은 좋은 것이고, 많은 것은 적은 것보다 좋다"

---

6 혼성공간은 두 입력공간에 바탕을 두고 형성되기는 하지만 반드시 입력공간으로부터 예측되는 것은 아니다. 혼성공간은 입력공간에 의해 동기화되지만, 단순히 입력공간의 복사와 합성이 아닌 그 자체로 독자성을 지닌 발현구조이다.

라는 신고전주의 경제학의 논리가 전제되어 있다. 이러한 경제적 원리는 물질적 이익을 극대화하려는 인간의 욕구를 자극하여 끝없는 개발을 추구하게 한다. 이는 결국 자연을 오염시키고 생태를 파괴하는 삶의 담화를 만들게 한다.

빅토리아 시대에 산업화로 인한 여러 오염 현상 중 가장 심각한 것은 수질오염이었다. 하수구와 시궁창에는 오염된 물이 뿌연 거품을 일으키며 넘쳐나고 있었고, 하수구로 흘러 들어간 더러운 물 때문에 강과 바다는 검게 물들었다. 당시 수질오염의 심각성은 찰스 디킨스의 《어려운 시절》에 묘사된 템스강의 검고 탁한 상태에서 잘 드러난다. 영국 북부를 가로지르는 "템스강은 보트가 지나갈 때마다 거품이 일었고, 노를 저을 때마다 악취가 진동했다." 이처럼 산업화의 과정에서 각종 오염물질이 무방비하게 유출되었고, 이로 인해 템스강은 점점 파괴되어 갔다.

《물의 아이들》은 수질오염을 일으키는 인간 본성의 타락을 쓰레기에 비유한다. 인간들이 양산한 물질적 쓰레기는 사회적·도덕적·정신적 쓰레기와 다름없다. 다량의 쓰레기를 만들어 물속에 내다 버리는 인간의 비윤리적 행위는 자신들이 스스로 쓰레기와 같은 존재라는 것을 입증한다.

> 낭비를 일삼고 더러운 사람들이 있는 곳, 검소하고 생각 있는 사람들과 달리 오물을 바다로 흘러가게 만들고, 청어의 머리와 죽은 돔발상어 또는 다른 쓰레기들을 물에 던지고, 깨끗한 해안을 어떤 식으로든 엉망으로 만드는 곳에서는 물의 아이들이 오지 않을 것이다. 때때로 수백 년 동안 (그들은 역겨운 냄새가 나거나 오염된 것을 견디지를 못한다). (106)

위의 인용에서 인간의 본성은 '낭비를 일삼는', '더러운', '지저분함', '오물', '쓰레기' 등의 말로 묘사된다. 사람들의 악행은 쓰레기처럼 역겨운 냄새를 풍긴다. 즉, 오염된 환경으로 파괴되어가는 해안은 '인간의 더러움'을 상징적으로 나타낸다. 문제는 인간에 의해 훼손된 물의 아이들의 공간이 수백 년이 걸려도 회복되지 않을 만큼 피해가 심각하다는 점이다. 그런데도 무책임한 인간은 악행을 반복하면서 점점 사악해져 갈 뿐이다.

> 물의 요정이 오래된 쓰레기를 감추자마자 즉시 어리석은 사람들과 악한 사람들은 석회와 독성 가득한 페인트로 된 새로운 쓰레기를 만든다. (163)

위의 인용에서는 자연과 인간의 본성 모두를 오염시키는 인간의 무지함이 강조된다. 어리석은 인간들이 끊임없이 새롭게 만들어내는 쓰레기는 인간 내면에 층층이 쌓여가는 더러운 물질을 상징한다. 사람들이 버린 유독한 페인트가 자연 생태계를 독성 물질로 오염시키듯, 인간의 탐욕은 스스로를 타락시킨다. 사람들은 바다에 버린 쓰레기가 눈에 보이지 않기 때문에 죄의식과 책임감을 전혀 느끼지 못한다.

여기에서 주목해야 할 것은 《물의 아이들》이 수질오염을 빗대어 빅토리아 시대의 계층 문제를 다루고 있다는 점이다. 계층적 서열과 불평등을 당연시했던 빅토리아 사회는 수질오염의 원인을 빈민층에게 돌리고, 그 책임을 그들에게 전가하고자 했다. 다시 말해, 이 소설은 빈민층의 더러움이 환경과 사회를 오염시키므로 그들을 사회에서 없어져야 할 폐기물과 같은 대상으로 인식했던 빅토리아 사회의 계층 차별적 단면을 여실히 보여준다. 머레이 북친은 이러한 계층 차별적 구조가 '사회의 거대한 지배 체계'로 작용하면서 사회의 불평등을 야기하고, 사람들 간의 관계를

파괴한다고 비판했다.[7]

'빈민층 톰'의 총칭공간

계층 불평등에 대한 논의를 바탕으로 《물의 아이들》에서 더러움의 이미지가 빈민층과 결부됨으로써 오염된 거주지에 사는 빈민층이 사회에서 질병과 공포의 대상으로 인식되고, 사회에서 불필요한 존재로 폄하되는 과정을 개념적 혼성 이론에 근거해서 분석할 수 있다. 먼저 빈민층 집단에 대한 입력공간$_1$과 오염 집단에 대한 입력공간$_2$가 구축된다. 이 두 입력공간을 기반으로 [집단], [권리], [본성]이라는 세 가지 속성으로 구성된 총칭공간이 구축된다.

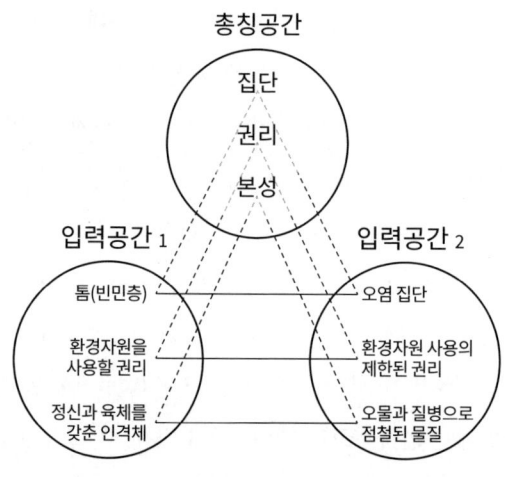

'빈민층 톰'의 총칭공간

---

7   머레이 북친은 인간의 자연 지배가 사회의 계층 차별적 구조에서 기인한다고 본다. 그는 생태적 사회를 만들기 위해 계층의 차별, 즉 착취하는 것과 착취당하는 위계적 관계가 사라져야 한다고 지적한다.

입력공간₁의 각 요소는 입력공간₂의 각 요소와 사상되고, 사상된 각 요소는 총칭공간에 있는 두 요소를 아우르는 상위의 개념으로 투사된다. 총칭공간 속의 세 가지 속성에 비추어 입력공간₁의 [톰(빈민층)]에 해당하는 요소가 입력공간₂의 [오염 집단]에 해당하는 개념으로 사상되고, 이 사상된 개념이 혼성공간에서 '폐기물'로 귀착되는 과정을 텍스트 분석을 통해 단계별로 설명할 수 있다.

첫째, 일반적으로 환경오염을 유발하는 행위의 주체는 계층과 상관없이 인간 전체로 간주된다. 그러나 이 소설에서는 오염을 일으키는 주체와 그 영향을 받는 대상이 소득이 낮은 빈민층으로 한정된다. 즉, 빈민층에 속한다는 것은 오염물 집단에 속한다는 것과 동격화된다. 당시 밀집된 지역에서 생활하던 수많은 빈민이 오염된 물을 마시고 질병에 걸렸다. 비위생적인 물로 인해 사람들의 고통은 극에 달했다. 이 소설에서 톰과 같은 빈민층 아이들은 누구보다도 비위생적 수질 환경의 큰 피해자이자 희생자였다. 톰은 늘 오염된 환경에 노출되어 신체적으로 더러움에 찌들어 살 수밖에 없었다. 이런 오염된 환경 때문에 톰은 상류층에게 오염을 전파하는 더러운 존재로 여겨졌다.

둘째, 빅토리아 사회의 오염된 수질 환경으로 인해 빈민층은 마실 물을 제대로 공급받지 못하는 물 부족 상태에 처했다. 자원의 분배는 불평등하게 이루어졌다. 빈민층에 속한다는 것은 그들이 환경 자원을 평등하게 사용할 권리를 가졌음에도 불구하고 물의 접근에 제약을 받는 사회 집단으로 하락하고, 환경 자원 사용에 제한된 권리를 가진 집단과 동격화되었다. 굴뚝청소부 "톰이 사는 곳에는 물이 없으므로 한 번도 씻어 본 적이 없다"라는 표현에서 보듯이, 빈민층에게는 급수가 제대로 공급되지 않았음을 알 수 있다. 톰은 '마을에 있는 펌프' 밖에 본 적 없었고, 마을에는 펌

프에 머리를 갖다 대기만 해도 아이들을 쫓아내는 교구 직원이 지키고 서 있었기 때문에 톰은 한 번도 더러워진 몸을 씻어본 적이 없었다. 이와 대조적으로, 상류층 엘리의 방에 '가득 차 있는 깨끗한 물'은 톰이 처한 환경과 극적으로 대비되면서 항상 물 부족에 시달리는 톰과 커다란 계층적 간극을 드러냄과 동시에 환경 자원의 차별적 분배를 보여준다. '매주 씻는 것은 수치스러운 것'으로 알고 있던 톰은 엘리의 방 욕조에 넘치도록 채워진 물을 보며 충격에 빠진다. 그것은 톰에게 상상조차 할 수 없는 광경이었다.

> 다음으로 보게 된 것 역시 톰을 어리둥절하게 만들었다. 세면대와 욕조 옆에는 물병과 대야, 비누와 솔, 그리고 수건들이 있었다. 그리고 깨끗한 물로 가득 찬 큰 욕조-이게 모두 씻는데 사용하는 것들이라니! "이 방의 주인은 아주 더러운 숙녀일 거야!" "더러움을 씻는데 저런 모든 것들을 사용하다니. 그래도 주인은 더러움을 아주 능숙하게 잘 없애는 것 같아. 방은 물론이거니와 수건에도 얼룩 하나 묻어있지 않잖아." (13)

위의 인용에 묘사된 엘리의 방에는 비누를 포함한 욕실용품과 얼룩 하나 없는 깨끗한 수건이 잘 갖춰져 있다. 엘리는 티끌 하나 없는 깨끗한 몸을 씻기 위해서 다량의 물을 소비하고 있다. 그러나 정작 톰은 자신의 더러운 몸을 씻을 최소한의 물도 제공받지 못하는 상황에 있다. 이는 물 부족에 시달리는 빈민층의 현실과 물을 낭비하는 상류층의 서로 엇갈린 현실을 통해 계층 간의 차별을 보여주는 예이다. 물의 차등적 공급은 공평한 자원의 분배를 강조하는 환경적 정의(environmental justice)의 측면에서 매우 불평등하고 정의롭지 못한 분배이다.[8] 이는 빈민층에게 가난과 소외에서 벗어날 수 없는 불평등의 구조를 영속시키는 결과로 이어진다.

셋째, 정상적인 정신과 육체를 소유한 인격체임에도 불구하고, 빈민층에 속하게 되는 순간 더러움과 질병이 빈민층의 속성으로 연결되어 빈민층은 사회에서 버려야 할 하찮은 물건으로 여겨졌다. 그런데 빈민층과 결부된 오염은 물리적 오염 현상이 아닌 인간에게 질병과 공포를 유발하는 의미로 인식된다. 그렉 개러드(Greg Garrard)는 2004년에 출간한 책 《생태비평》(Ecocriticism)에서 과거를 거슬러 가서 오염의 의미를 추적하며 더 넓은 시대적 맥락에서 오염을 이렇게 정의한다. "오염은 라틴어 '더럽힌다'라는 의미에서 유래한다. 초기 영어에서 오염은 신학적이고 도덕적인 측면을 반영했다. 17세기까지 오염은 한 인간의 도덕적인 오염과 그러한 오염을 부추긴다고 여겨지는 행동(가령, 자위)을 의미했다. 본질적으로 내재적이고 주관적인 정의는 17세기와 19세기 사이에, 특히 환경적 측면에서 점점 외재적이고 객관적인 정의로 바뀌었다. 오늘날은 후자의 정의가 널리 알려져 있다. 이런 과정은 사람들이 비도덕적 배출에 대해 문화적으로 깊게 각인된 공포의 근원이 무엇인지와 함께 어떻게 사람들이 자신의 배설물을 싫어하게 되었는지의 과정을 전형적으로 보여준다."

현대적 의미에서 오염은 불쾌하고 더러운 환경을 말할 때 주로 사용되지만, 겉으로 드러난 오염된 현상을 보는 사람들의 사고방식에는 과거에 금기시되고 비도덕적으로 여겨졌던 행동이 각인되어 있다. 즉, 오염이라는 말은 과거에 인식되었던 신학적·도덕적 측면에서 인간의 타락 혹은

---

8   환경적 정의는 세대, 국가, 계층, 성차 간에 환경 자원 배분의 형평성을 실현하자는 것으로, 낮은 계층이나 여성들, 아이들, 혹은 가난한 사람들에게 박탈된 환경적 권리를 되찾아줌으로써 정치적·사회적 변화를 촉구하는 데 목적이 있다.

비도덕적 행위에서 비롯되었다. 이처럼 오염은 사람들에게 공포와 두려움의 감정을 유발하는 의미로 인식된다.

'폐기물 톰'의 혼성공간

《물의 아이들》에서 오염된 거주지에 사는 빈민층은 사회적으로 질병을 일으키는 공포의 대상으로 인식된다. 톰이 사는 곳의 물은 오염되었고, 더러운 물은 콜레라와 같은 질병을 일으킨다. 질병은 신체적 증상을 넘어서 넓은 측면에서 사회적 부정의를 보여주는 징후이다. 사람들이 오염된 환경을 인간의 부정적이고 부패한 본성과 서로 관련시키는 이유는 오염이 바로 비도덕적 행위에 대한 처벌이라고 여겨지기 때문이다. 오염된 수질로 인한 콜레라 발병은 개인적 차원에서는 폭음이나 폭식 혹은 성적 방종에 대한 신의 징벌로 받아들여지고, 국가적 차원에서는 사회의 부패와 타락에 대한 신의 응징으로 여겨진다. 이처럼 더럽고 불결한 환경에서 살아가는 사람들은 도덕적으로 타락했다고 여겨지면서 사회적으로 분리되고, 심지어 빈민층에 악마의 이미지가 덧씌워진다.[9]

이상과 같이 빅토리아 시대의 빈민층은 오염된 환경과 물 부족의 어려움을 겪으며 고통받는 현실에 있었다. 환경오염의 주체는 모든 인간이지만 이 소설에서는 빈민층만 오염과 관련된 것으로 표현되고 있다. 빈

---

9   당시 문학 작품에서 오염된 거주지는 타락한 영혼이 사는 지옥으로 표현되었다. 로즈메리 잭슨은 빅토리아 시대 찰스 디킨스의 소설인 《어려운 시절》(Hard Times, 1854), 《두 도시 이야기》(A Tale of Two Cities, 1859), 《골동품 상점》(The Old Curiosity Shop, 1840), 《돔비와 아들》(Dombey and Son, 1848), 《위대한 유산》(Great Expectations, 1861) 등에서 묘사된 대도시의 이미지가 입을 크게 벌리고 사람들을 잡아먹으면서 살아가는 '흡혈귀 괴물'을 연상시킨다고 말했다. 즉, 대도시의 오염된 환경에서 살아가는 빈민과 고아들은 항상 죽음의 문턱에 노출되어 있었기 때문에 괴물이나 악령으로 비친다.

민층은 사회적으로 질병을 유발하는 원인으로 인식되고, 더러움과 질병을 퍼뜨리는 부정적인 물질로 여겨진다. 더욱이 빅토리아 사회의 원칙이 되었던 맬서스주의(Malthusianism)[10]에 의하면, 빈민층은 맬서스식 집단(malthusian mass)에 속하는 최하위 계층으로 분류된다. 그들은 모두 사회로부터 이용되지 않고, 버려져 무시받고 방치되는 불필요한 존재이다. 바로 《물의 아이들》에서 굴뚝청소부와 같은 노동 계층의 아이들은 맬서스의 이론에 따라 쓰레기 더미로 사라져야 할 운명에 처해 있었다.

다음은 톰이 빈민층의 구성원으로 속하는 순간 그에 대한 개념적 정의가 더러움과 질병으로 점철된 쓸모없는 찌꺼기, 즉 사회적 폐기물로 귀착되는 과정을 개념적 통합망으로 나타낸 것이다.

---

[10] 맬서스주의는 인구증가가 빈곤을 초래하기 때문에 인구가 제한되어야 한다는 토마스 맬서스(Thomas Malthus, 1766~1834)의 이론으로 빅토리아 시대의 생활과 사고에 영향을 많은 영향을 끼치게 된다. 맬서스주의가 적용된 대표적 사례는 1834년 구빈법 개정령(Poor Law Amendment Act)이다. 이 개정령은 사회가 세금 지원을 받는 무책임한 사람들과 빈민들을 제거하기 위한 목적으로 실행되었다. 사회는 그동안 빈민층에게 지급했던 지원금을 제한하고 이들을 구빈원으로 보냈다. 구빈원에 수용된 사람들은 갖은 학대와 혹독한 육체노동에 처해졌다.

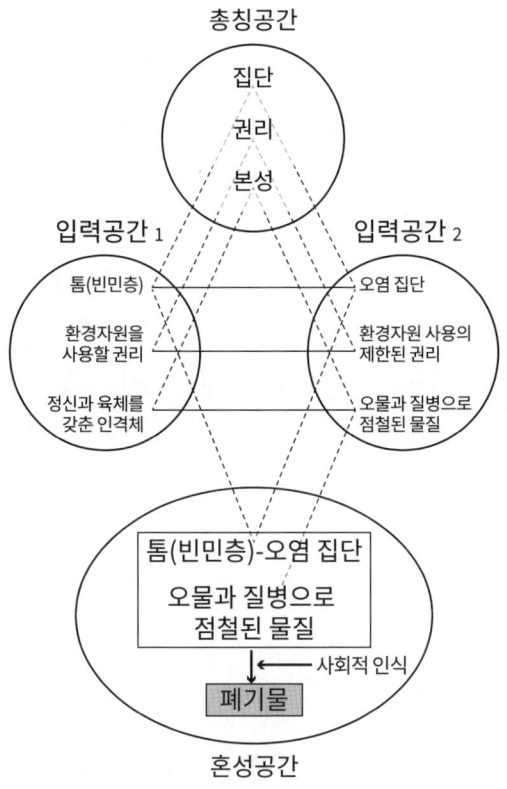

"톰은 폐기물이다"에 대한 개념적 통합 연결망

위의 그림에서 알 수 있듯이, 입력공간$_1$의 [톰(빈민층)]과 입력공간$_2$의 [오염 집단]은 사상되고, 이 사상된 요소들은 혼성공간에서 빈민층의 개념을 사회적으로 폐기되어야 할 물질이라는 개념으로 발현된다. 입력공간$_1$의 [톰(빈민층)], [환경자원을 사용할 권리], [정신과 육체를 갖춘 인격체]와 입력공간$_2$의 [오염 집단], [환경자원 사용의 제한된 권리], [오물과 질병으로 점철된 물질]은 공간횡단 사상에 의해 각각 일대일 대응관계가 형성된다. 다음으로 입력공간$_1$의 [톰(빈민층)]과 입력공간$_2$의 [오염 집단]이 각각 혼성공간으로 투사되어 [톰(빈민층)-오염 집단]으로 융합된다. 이어서 입력공간$_2$의 [오물과 질병으로 점철된 물질]이 혼성공간으로 투사된다. 결과적으로 빈민층은 사회적으로 [정신과 육체를 갖춘 인격체]가 아닌 [오물과 질병으로 점철된 물질]인 [폐기물]로 인식된다. 이는 당시 더러운 환경에서 질병에 시달리며 죽어가는 빈민층이 인간으로 인정받지 못하고, 오히려 혐오스러운 오염물로 간주되었음을 나타낸다. 이러한 개념적 혼성의 모형에 따르면, 톰은 빈민층의 한 구성원이기 때문에 필연적으로 오물로 뒤덮인 사회적 쓰레기일 수밖에 없다는 새로운 의미가 발현된다. 이와 같은 개념적 혼성 과정은 《물의 아이들》에서 계층적 서열과 불평등이 어떻게 빈민층인 톰을 쓰레기와 같은 폐기물로 정의하고 있는지를 잘 보여준다.

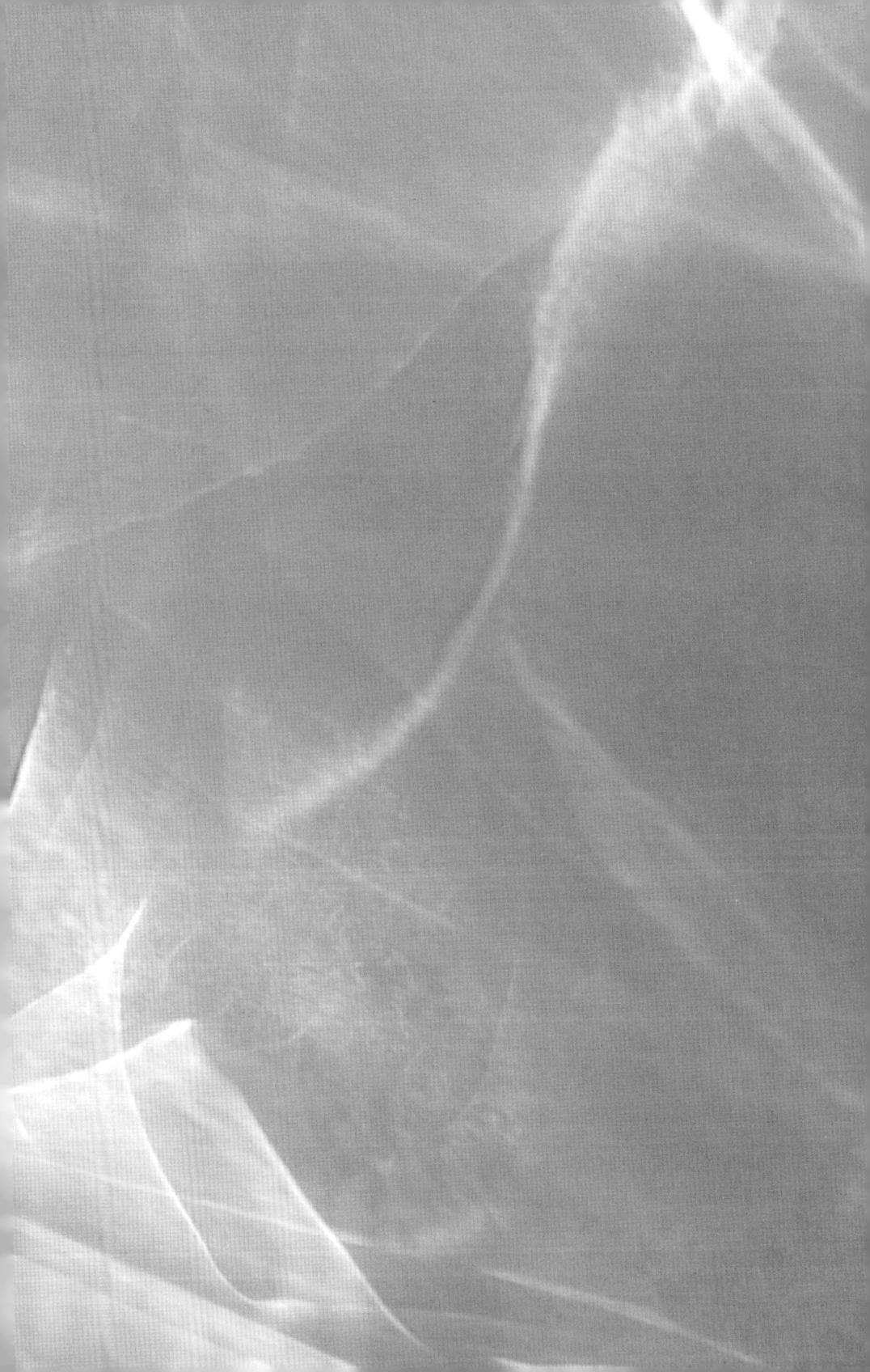

제4장
혼돈 담화와 아이러니

    이 장에서 살펴볼 혼돈 담화는 앞 장에서 오염 담화를 형성한 사람들의 사고방식에 도전하고, 숨겨진 빅토리아 사회의 다양한 문제점을 들추어내는 과정을 통해 독자에게 현실을 새롭게 인식하게 한다. 나아가 혼돈을 넘어 다음 장에서 논의할 생태인식 담화를 조성할 수 있는 가교 역할을 한다.
    《물의 아이들》에서 혼돈은 톰의 환상적 모험으로 인해 발생한다. 톰은 현실 세계와 완전히 다른 물의 세계에 진입하여 기이하고 부조리한 상황을 마주치며 혼돈을 초래하는 다양한 사건을 경험한다. 이 과정에서 겉으로 보이는 세계와 톰이 실제 경험하는 세계 사이의 충돌과 모순이 드러나게 된다. 이때 톰의 시각이 투영된 독자 또한 사고의 혼돈을 경험하게 되면서 소설 속에 내포된 아이러니(irony)를 인식하게 된다. 이 장에서는 환상과 아이러니의 상호관계성에 초점을 맞추어 혼돈 담화를 조성하는 환상적 경험과 이로 인해 일어나는 아이러니한 상황을 각각 로즈메리 잭슨의 점근축(paraxis) 이론과 개념적 혼성 이론을 통해 분석한다. 환상과 아이러니의 발현은 독자의 사고방식에 혼돈을 초래함으로써 새로운 인식의 변화를 끌어낸다.

4.1 환상 속의 혼돈

환상 공간

fantasy(환상)라는 용어는 그리스어에 뿌리를 두고 있다. 이 용어는 '상상 또는 모습'을 의미하는 그리스어 단어 phantasia에서 유래했다. 그리고 이 그리스어 자체는 '눈에 보이게 하다 또는 보여주다'를 의미하는 phantazein을 기반으로 한다. 일반적으로 모든 상상적 활동은 환상적이라 말할 수 있다. 특히 비평적 용어로서 환상은 신화, 전설, 민담 혹은 동화, 유토피아적인 알레고리, 몽상, 초현실주의적 텍스트, SF소설, 공포물 등 인간의 영역을 비롯한 다른 영역을 표현한다.[1]

문학 텍스트에서 환상 공간은 꿈, 죽음, 혹은 어떤 관문을 통해 들어갈 수 있는 초월적 영역으로 제시되며, 이는 독자에게 현실에서 볼 수 없

---

1 환상에 대해 로즈메리 잭슨은 문학 양식(mood)으로서의 환상을, 츠베탕 토도로프(Tsvetan Todorov)는 장르(genre)로서의 환상을 논한다. 토도로프는 '경이', '환상', '기괴'의 별개의 장르에서 환상이 '경이'와 '기괴' 사이에서 주인공과 독자의 '망설임'이 있을 때를 환상이라고 설명한다. 잭슨은 토도로프의 주장이 문학 형식으로서의 사회적·정치적 함의를 고려하지 않았다고 비판하며, 환상이라는 것은 환상과 관련된 수많은 장르로부터 출현한 문학 양식이라고 주장한다. 여기서 양식이란 다른 시기의 다양한 작품의 근간이 되는 구조적인 특징이라고 설명한다. 문학적 환상은 초자연적 요소를 보여주는 신화나 전설의 세계 혹은 허황된 이야기로 독자를 현혹하는 마술적 세계가 아니다. 또한 현실의 불안과 억압이 섬뜩한 공포와 괴기스러움으로 표현되고, 그 공포의 감정을 해소하는 고딕소설과도 다르다. 토도로프에 의하면 고딕소설은 환상이 아닌 기괴 문학으로 정의된다.

는 것을 볼 수 있게 만들고 경험할 수 없는 것을 경험할 수 있게 만든다. 원더랜드(Wonderland), 네버랜드(Neverland), 백 에이커 숲(The Hundred Acre Wood), 나니아(Nania), 호그워츠(Hogwarts) 등의 환상 공간은 어린이만을 위한 특별한 상상력의 영역으로 제시된다. 《물의 아이들》에서 환상 공간은 마치 루이스 캐럴의 앨리스가 들어가는 '땅속', 조지 맥도널드의 다이아몬드가 들어가는 '북풍'의 세계처럼[2] 또 다른 세계(another world)인 '물'의 세계이다. 톰은 '인후선 주변을 따라 바깥쪽으로 아가미가 달린' 양서류로 변형되어 육지와 전혀 다른 공간인 물속 세계에 들어간다.[3]

환상 공간은 현실 세계와 완전히 단절된 곳이 아니라 현실의 또 다른 세계의 모습이다. 이러한 환상 세계는 2차 세계(secondary world), 다른 세계(other world), 창조된 세계(created world), 분리된 세계(separated world), 마법의 세계(magical world)처럼 다양한 이름으로 불리지만 모두 현실 세계와 연관성이 있다는 공통점이 있다. 로즈메리 잭슨은 환상 세계가 상대적으로 자율적이며, 은유적 반영을 통해 '실재적인' 것과 관련되고, 환상이 사회적 맥락을 벗어나서는 이해될 수 없다고 설명한다. 이런 관점에서 《물의 아이들》의 환상 세계는 당시 산업화로 인한 환경오염, 물질만능주의, 계층 간의 불평등, 인간성 타락 등의 문제가 불거졌던 빅토리아 시대의 사회적 현실이 투영된 공간으로 볼 수 있다.

---

[2] 조지 맥도널드의 《북풍의 뒤에서》(At the Back of the North Wind, 1871)에 등장하는 주인공 다이아몬드(Diamond)는 꿈을 통해 북풍의 환상 세계에 들어간다.

[3] 변형은 빅토리아 시대의 가장 흔한 비유로 죽음을 의미한다. 그러나 찰스 킹즐리는 죽음을 삶의 끝이 아니라 '새로운 형태와 변화를 위한 지평을 넓히는 것'이라고 생각한다.

점근축

《물의 아이들》의 환상 세계인 물의 공간에서 톰은 인간의 모습과 완전히 다른 생물로 바뀐다. 이처럼 물의 세계는 존재의 변형이 일어나고, 요정과 기이한 생명체가 등장하기도 한다. 게다가 사람과 사물의 존재와 역할이 뒤바뀌는 등 현실 세계에서 일어날 수 없는 비합리적인 일도 발생한다. 이러한 환상 공간의 비합리성을 설명하기 위해 로즈메리 잭슨은 점근축(paraxis)이라는 개념을 도입한다. 점근축은 광학적 용어로 카메라의 렌즈와 대상 사이에 비어있는 공간, 즉 비가시적 공간을 말한다. 잭슨은 점근축을 사용하여 눈에 보이지 않는 환상 공간과 그 공간에서 일어나는 불확정성을 설명한다.

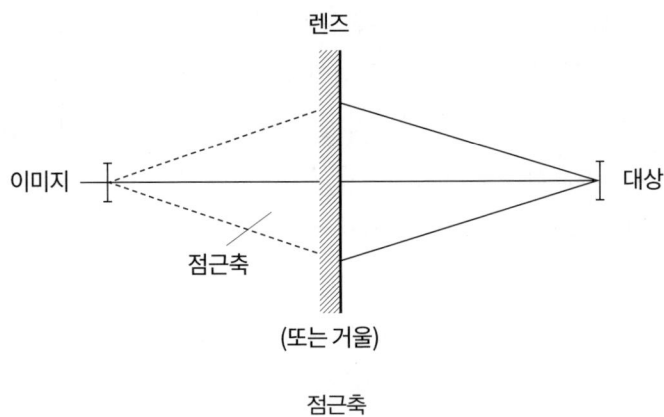

점근축

로즈메리 잭슨의 말을 빌려보자. "변형과 기형의 과정을 이해하고 설명하는 데 유용한 용어는 '점근축'이다. 점근축은 본체를 따라 놓여 있는 중심축의 양쪽 측면에 위치하는 것을 말한다. 점근축은 환상의 장소 혹은 공간을 설명하는 개념이다. 왜냐하면 점근축은 그림자를 드리우고 위협을 주는 '실재'의 본체와 불가분한 관계로 얽혀 있기 때문이다."

환상 공간은 대부분 거울 안에, 거울을 통해, 거울 이면에 자리잡고 있어서 환상의 본질을 설명할 때 광학적 이미지를 사용하는 것은 유용하다. 많은 빅토리아 시대의 환상물은 렌즈나 거울 장치를 이용해서 정상적 인식이 왜곡되거나 변형되는 불확실한 영역을 도입한다. 점근축은 지배 문화의 바깥에 존재하는 다른 축으로, 이 공간에서는 현실 세계가 변형되어 나타나거나 때로는 현실의 질서를 위협하는 존재들이 출몰하기도 한다. 이는 현실 세계의 어두운 그림자, 즉 사람들이 인식하지 못하는 현실 세계의 감추어진 면을 비추는 역할을 한다. 이처럼 점근축의 비가시적 공간은 환상과 현실의 경계를 형성하기도 하지만 두 세계를 상호 연결하는 매개체의 역할도 한다.

《물의 아이들》에서 로즈메리 잭슨의 점근축이 위치할 공간을 찾는다면, 이는 물의 세계이다. 점근축의 공간이 물이라는 점은 주목할 필요가 있다. 물의 투명한 속성은 지상 세계의 모습을 비춰주는 거울과 같은 역할을 하지만 빛이 물속을 통과할 때 그 빛은 굴절되어 버린다. 이러한 물이 가진 특성 때문에, 물속 세계는 굴절된 빛을 통해 현상이 비틀어지고 왜곡된 형태로 나타난다.

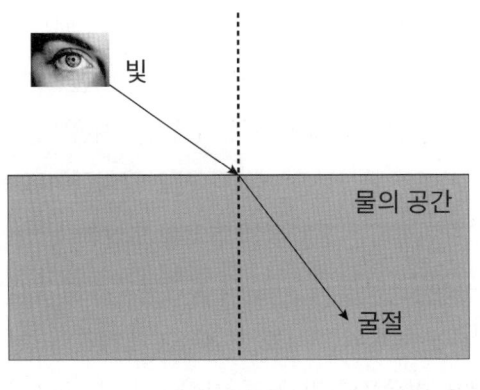

빛의 굴절

점근축의 공간이 빅토리아 사회 현실의 어두운 그림자를 드러내듯이, 이 소설에서도 점근축을 통해 투사된 물의 공간에서는 현실 세계의 모습이 굴절되고 왜곡된 형태로 표현되면서 사회의 비틀린 이미지를 상징적으로 보여준다. 즉, 물의 세계에서 일어나는 모든 기괴한 상황은 빅토리아 사회의 비정상적 단면을 강조하면서 사회의 부조리와 부정적 현실을 폭로한다.

왜곡된 물의 세계

환상 세계에서 보이는 굴절 현상은 인간의 이성으로는 이해할 수 없는 무의미(nonsense; 넌센스)의 특성으로 설명될 수 있다. 이러한 무의미함의 대표적인 예로 루이스 캐럴의 《이상한 나라의 앨리스》를 들 수 있다. 앨리스가 경험하는 환상 세계는 '현실이 종종 뒤집히고', 의미 없고 '부조리한 논리'가 작용한다. 토끼 굴에 떨어진 앨리스는 마치 사람처럼 행동하는 생쥐, 고양이, 돼지 등을 만나게 되고, 그들이 서로 싸우는 것을 보고 충격을 받는다. 더욱이 여왕과 공작부인, 사형 집행인 같은 괴상한 인물의 행동을 보며 정체성의 혼란을 겪는다. 앨리스는 규칙도 없이 크로케 (croquet; 잔디 구장 위에서 나무망치로 나무 공을 치며 하는 구기 종목) 경기를 하는 동물의 터무니없는 행동에 매우 당황해한다.

"모두 공정하게 경기하지 않는 것 같아요." 앨리스는 다소 불평스러운 어조로 말을 시작했다. "그리고 모두 얼마나 끔찍하게 싸우는지 말하는 소리가 하나도 안 들려요. 특별한 규칙도 없는 것 같고, 설사 있다 해도 아무도 그걸 따르지도 않는 것 같고요. 이 모든 것들이 살아 있다니 얼마나 혼란스러운지 모를걸요. 가령 제가 다음에 통과해야 하는 문은 다른 쪽 끝으로 걸어서 가버려요. 저는 왕비님의 고슴도치를 쳐내야 하는데, 그것은 제 고슴도치가 오고 있는 것을 보더니 도망가 버렸어요!" (75)

위의 인용에서는 동물들이 규칙도 없이 경기하고, 문이 사람처럼 움직이면서 행동하는 등 무질서한 상황이 연출되고 있다. 앨리스가 문을 통과하려고 하면 문은 뒤로 도망가 버린다. 또한 고슴도치를 향해 가까이 가면 고슴도치 역시 문처럼 뒤로 도망쳐 버린다. 앨리스는 이러한 경험이 "정말 나를 미치게 해"라고 투덜대며, 자신의 이상한 모험에 대해 말도 안 되는 '넌센스'라고 선언한다. 앨리스가 경험하는 환상 세계는 도저히 의미를 찾을 수 없는 곳이다. 이에 대해 로즈메리 잭슨은 텍스트가 불확실성을 증가시키고, 명확한 위치도 없고, 확실한 의미도 존재하지 않는다고 설명한다.

앨리스를 혼란에 빠뜨리는 환상 세계의 무의미적 특성은 《물의 아이들》에서 톰이 방문하는 폴루프락모신 섬(Island of Polupragmosyne)에서도 유사한 방식으로 표현된다.

이 섬에서는 쟁기가 말을 끌고, 못이 망치를 박고, 새 둥지가 아이를 데려가고, 책이 작가를 만들고, 황소가 도자기 상점을 지키고, 원숭이가 고양이의 털을 깎아주고, 죽은 개가 살아있는 사자를 훈련시키고, 눈먼 경찰 반장이 대학의 학장으로 임명되고, 연극배우가 인기 있는 목사가 되었다. 한마디로 이곳에서는 모든 것이 배우지 않았던 것을 하기로 맞춰졌다. 왜냐하면 배웠거나 배운 척했던 일을 했을 때 모두 실패했기 때문이다. (165)

이 섬은 기존의 현실 세계의 논리와 질서를 파괴하며 삶의 '무의미'를 재현한다. 새 둥지와 아이, 황소와 도자기 상점 등 서로 연관성이 없는 대상들이 무작위로 관련 맺으며 인간의 사고를 혼란스럽게 한다. 또한 이곳에 발생하는 모든 상황은 '부조리'하다. 사물의 순서나 질서도 존재하지 않아 원인 없는 결과가 발생하고, 모든 것이 거꾸로 작용하여 앞과 뒤의 순서도 흐트러진다. 더욱이 인간과 사물이 '기형적' 형태로 나타난다. 예를 들어, 도구에 불과한 쟁기가 마치 생명체처럼 말을 끌면서 인간의 일을 대신하거나, 못이 망치를 박고 책이 작가를 만드는 등 이 섬에서 일어나는 기형적 삶의 행태는 환상 세계의 비논리적이고 모순적인 성격을 드러낸다. 이처럼 환상 세계는 삶의 의미를 찾기 어려운 비이성적 공간으로 표현된다. 로즈메리 잭슨은 이를 의미적 공허(sematic emptiness)라고 부른다.[4]

---

[4] 일례로, 프란츠 카프카(Franz Kafka)의 《변신》(The metamorphosis, 1916)은 주인공 그레고르 잠자(Gregor Samsa)가 인간에서 거대한 벌레로 변형되는 과정에서 환상의 무의미(meaninglessness)를 드러낸다. 소설에서는 그레고르가 벌레로 변신한 그 어떤 이유도 설명되지 않으며, 그는 단지 벌레가 됨으로써 쓰레기처럼 버려질 뿐이다. 카프카는 그레고르의 죽음을 통해 자본주의 사회의 힘과 폭력, 정

위의 폴루프락모신 섬에서 보이는 환상 공간은 '무의미', '부조리', 그리고 '기형성'의 특징으로 집약된다. 이러한 환상 공간의 특징은 현실 세계의 의미와 가치를 전복시킨다. 다시 말해, 의미 없고 모순되고 정상적이지 않는 환상 세계의 요소는 모두 현실 세계의 이성과 논리, 삶의 원칙, 그리고 정상성의 기준을 뒤엎는다. 이 소설의 환상 세계는 정해진 규칙에 의문을 제기하고 규정된 의미를 해체한다는 점에서 콜린 맨로브(Colin Manlove)가 1999년에 출간한 책 《영국의 판타지 문학》(The Fantasy Literature of England)에서 분류한 판타지의 여러 유형 중 전복적 판타지(subversive fantasy)에 해당한다.[5]

환상의 전복성에 대해 로즈메리 잭슨은 환상이 문화에서 말하지 않는 것과 보이지 않는 것을 보게 만들어 현실의 한계상황에 맞설 힘을 준다고 강조한다. 이는 환상을 통하여 현실을 바로 볼 수 있는 시각을 얻고, 현실의 구조와 가치에 대한 근본적인 문제를 제기하는 것이다. 데보라 새커(Deborah Thacker)는 2002년에 출간한 책 《아동문학 개론: 낭만주의에서 포스트모더니즘까지》(Introducing Children's Literature: From Romanticism to Postmodernism)에서 꿈과 환상이 자본과 권력, 과학으로 움직이는 이성적 세계의 가치에 도전하고, 그런 가치를 전복시킨다고 지

신적 공허함, 인간 존재의 의미 없음을 강조하고자 한다.

5 콜린 맨로브는 영국 판타지 문학의 특징을 설명하며 환상을 초자연적인 것 혹은 불가능한 것을 다루는 허구라고 정의했다. 또한 환상을 여섯 가지의 유형인 2차 세계(secondary world), 형이상학적 세계(metaphysical world), 감정적 세계(emotive world), 희극적 세계(comic world), 전복적 세계(subversive world), 그리고 아동 판타지(children's fantasy)의 범주로 구분했다. 맨로브의 분류에 의하면 《물의 아이들》은 아동 판타지(children's fantasy) 장르에 속한다. 그러나 각각의 장르가 뚜렷이 구분되는 것이 아니라 서로 다른 판타지의 장르적 특성을 모두 포함하고 있다.

적한다. 캐스린 흄(Kathryn Hume)은 1984년에 출간한 책 《판타지와 미메시스》(Fantasy and Mimesis)에서 환상이 작가의 긴장을 완화해 상상력을 발휘하도록 도와주고, 독자에게 증폭된 긴장을 해방시킴으로써 즐거움과 만족감을 준다고 말한다.

요약하자면, 《물의 아이들》의 환상 세계는 접근축의 공간으로서 현실 세계의 뒷면을 비추는 거울처럼 작용한다. 환상 공간에서 보이는 이질적이고 기괴한 현상은 현실 세계에서 감춰진 부정적이고 모순적인 측면이 반영되어 나타난 결과이다. 이러한 관점에서 접근축의 공간은 삶의 무의미와 모순을 드러내며 현실을 전복시키는 역할을 한다. 이 소설에서 톰의 시점을 통해 비친 환상의 물의 세계, 그 속에서 일어나는 모든 기이한 현상은 독자의 사고와 신념을 동요시키며 혼돈을 초래한다. 그러나 이러한 경험을 통해 독자는 무의식적으로 살아가던 삶의 현실을 되돌아보고, 앞으로의 삶의 변화를 고민하게 한다. 콜린 맨로브는 찰스 킹즐리의 환상 세계가 끊임없는 변형의 장치를 통해 독자의 고정된 신념과 확신을 흔들고, 현실을 바라보는 다각적 접근을 가능하게 만든다고 설명한다. 이러한 특성으로 인해 《물의 아이들》은 빅토리아 시대의 전통적인 동화와 확연히 구별된다. 결국 《물의 아이들》의 환상 세계는 그 상상의 세계가 독자를 놀라게 했든 혹은 위안을 주었든 간에 그들에게 자아 성찰의 기회를 주며 "너는 누구니?"라는 질문을 스스로 던지게 한다. 더 나아가 이 환상의 세계는 독자의 질문에 대한 다양한 대답을 수용하며 긍정적인 인식 변화의 가능성을 열어준다.

4.2 혼돈과 아이러니

《물의 아이들》 속 아이러니

《물의 아이들》은 환상과 현실 공간이 각각 대립적으로 설정되어 있으며, 환상 세계에서는 현실을 반전시키는 상황이 일어난다. 이러한 구성은 이 소설의 서사 구조가 대립과 반전의 개념을 통해 아이러니를 의도하고 있음을 보여준다. 아이러니는 표면적 의미와 함축된 의미의 대립, 문자적 의미와 전달된 의미 사이의 불일치, 현상과 실재 혹은 기대와 결과 사이의 대조에서 발생한다. 아이러니는 다양한 의미를 내포할 뿐만 아니라 예상을 벗어나는 의미를 만들어내기 때문에 독자가 이를 해석하는 과정에서 혼돈이 초래되기도 한다. 그러나 아이러니는 이러한 혼돈이 수습되는 과정을 통해 본래의 의미를 더욱 명확히 드러낼 수 있다는 장점이 있다.

《물의 아이들》에서 발현되는 아이러니는 환상의 기능과 유사한 역할을 한다. 환상은 이 세계를 구성하는 요소들을 '전복시키는 것'과 관련이 있으며, 이상하고 낯선 '새로운 것', 확실히 '다른 것'을 창출하기 위한 것이다. 이러한 맥락에서 이 소설의 아이러니는 현실 사회의 요소를 뒤집어 보여줌으로써 빅토리아 사회의 어두운 현실을 조명하고, 독자에게 사회에 대해 새롭고 다른 시각을 제공한다. 환상이 현실을 다시 인식하게 하는 것처럼, 아이러니는 비판적인 시각으로 현실을 바라보게 만든다.

《물의 아이들》의 아이러니는 잭슨의 점근축의 개념과 밀접한 연관이 있다. 앞서 제시한 점근축 그림에서 대상은 렌즈 혹은 거울에 의해 굴절되면서 왜곡된 이미지를 생성한다. 따라서 대상과 이미지는 서로 일치하지 않는다. 이 소설에서 점근축의 '대상'을 현실 공간으로, '이미지'를 환상 공간으로 바라본다면 점근축의 '렌즈'는 환상 세계를 보는 톰의 시선에 해당한다고 볼 수 있다. 톰의 시선에 비친 환상 공간은 현실 공간과 달리 현실 세계의 구성요소가 낯설고 기이한 방식으로 배치되면서 비이성적이고 비논리적인 일이 발생한다. 이러한 장면은 톰의 시선을 통해 독자에게 전달되면서 독자를 혼란에 빠지게 한다. 다시 말해, 톰의 눈에 비친 환상 세계는 독자의 기대와 예상을 뒤엎으며 아이러니를 발생시키고 있다고 말할 수 있다.

《물의 아이들》에서 아이러니가 발생하는 상황은 다음과 같다.

(Ⅰ) 《물의 아이들》에서는 현실 공간(육지 세계)과 환상 공간(물의 세계)이 대립된다.
(Ⅱ) 겉으로 보이는 현실 공간은 질서와 논리가 작용하는 이성적 세계이다. 삶은 의미가 있고 합리적이고 정상적으로 돌아간다. 아무도 이러한 삶을 의심하지 않는다.
(Ⅲ) 그러나 실제 톰이 경험하는 환상 공간은 현실 공간과 완전히 다르다. 톰은 환상 공간에서 낯설고 기이한 일을 경험한다. 그가 바라본 환상 공간은 비정상적이며 기형적이다.
(Ⅳ) 환상 공간은 현실 공간이 감추고자 하는 어두운 단면을 보여주는 곳이다. 톰의 눈에 비친 환상 공간을 바라보는 독자는 그곳에서 비정상적으로 일어나는 모든 것이 사실은 현실 속에 그대로 재현되고 있는 현상임을 알게 된다. 독자가 환상 공간의 속성이 사실은 현실 공간의 실체임을 깨닫는 순간 아이러니가 작용한다. 이때 아이러니는 독자에게 혼란과 혼돈, 갈등, 긴장을 유발한다.

(Ⅰ)는 현실 공간과 환상 공간이 서로 대립됨으로써 아이러니의 기본

요소인 대립을 충족시킨다. (Ⅱ)에서 현실 공간으로 표현된 빅토리아 사회는 질서정연하고 이성과 논리에 의해 작용하는 것으로 나타난다. 사회에서 일어나는 현상은 이성적으로 파악할 수 있고, 합리적인 절차로 진행되기 때문에 매우 정상적인 사회로 여겨진다. 반면 (Ⅲ)에서 톰이 들어간 환상 공간인 물의 세계는 체계화된 질서와 논리가 빠져 있다. 모든 상황은 인간의 이성으로 이해할 수 없는 불합리함을 보여준다. 요정과 거인, 괴물이 등장하고, 물속의 생명체와 무생물은 사람과 사물의 경계를 모호하게 한다. 이처럼 기존의 삶에서는 보지 못했던 인물과 사물의 변형된 형태가 등장하고, 현상의 왜곡된 이미지가 나타나면서 삶의 기형성을 드러낸다. (Ⅳ)에서 독자가 외형과 실재의 대조를 지각하는 것은 아이러니의 중요한 요건이다. 이에 따라 《물의 아이들》을 읽는 독자는 톰을 통해 환상 공간을 체험하고, 이를 현실 세계와 비교하게 된다. 독자는 현실에서도 환상 공간의 규칙과 특성이 재현되는 것을 발견하면서 아이러니를 인식하게 된다.

'전복된 현실 공간'의 혼성공간

《물의 아이들》 속의 아이러니는 개념적 혼성 이론을 통해 분석할 수 있다. 개념적 혼성 이론을 이용한 기존의 아이러니 분석은 언어 표현이 생성해내는 의미에 초점을 둔 언어적 아이러니에 관한 연구가 주를 이루었다.[6] 그러나 《물의 아이들》에서 발생하는 아이러니는 논리성을 벗어난

---

6   시아나 콜슨(Seana Coulson)은 문장 의미와 화자 의미의 대립이 만들어내는 아이러니를 개념적 혼성을 통해 설명했다. 김동환은 아이러니 표현 자체와 그것이 사용되는 상황의 불일치를 각각의 입력공간으로 구축하여 혼성공간에서 아이러니의 의미를 밝힌다.

여러 상황에서 예측한 기대와 상반된 결과를 끌어내고, 이러한 결과를 통해 현실의 구조적 모순을 드러내는 상황적 아이러니의 특성을 보여준다.[7] 따라서 개별 단어나 문장에 중점을 두는 언어적 아이러니의 분석을 넘어서 이 책에서는 《물의 아이들》을 전체적으로 아우를 수 있는 상황적 아이러니를 개념적 혼성 이론으로 분석한다.

《물의 아이들》에 나타난 아이러니의 과정을 설명하기 위해 현실 공간에 대한 입력공간$_1$과 환상 공간에 대한 입력공간$_2$를 구축할 수 있다. 그리고 두 입력공간 사이의 공간횡단 사상과 선택적 투사를 통해 아이러니가 생성되는 공간을 혼성공간으로 형성할 수 있다. 혼성공간에서는 환상 세계에서만 존재할 것 같은 상황이 그대로 현실 세계에 재현되면서 다음과 같은 개념적 통합망이 구축된다.

---

[7] 일반적으로 아이러니는 수사학적·교육적·언어학적·문학적 접근 방식에서 각각 다르게 정의되고 분류되지만 넓은 범위에서 언어적 아이러니(verbal irony), 상황적 아이러니(situational irony), 극적 아이러니(dramatic irony)로 분류된다. 언어적 아이러니는 화자의 말이 그 반대되는 것을 의미할 때, 상황적 아이러니는 상황이 논리적 인과관계를 벗어날 때, 극적 아이러니는 등장인물은 모르지만 청중은 알고 있는 상황에서 등장인물이 의도한 것과 실제 상황이 반대될 때 일어난다. 극적 아이러니를 상황적 아이러니에 포함하기도 한다. 특히 상황적 아이러니는 대화 참여자가 통제할 수 없는 어떤 상황이 아이러니하게 되는 경우로서, 어떤 상황이 우연히 아이러니한 것으로 인식되는 비의도적이라는 것이 특징이다. 어떤 소매치기가 남의 돈을 소매치기하는 와중에 다른 소매치기에게 자신의 돈을 소매치기당하는 경우가 상황적 아이러니의 전형적인 경우이다.

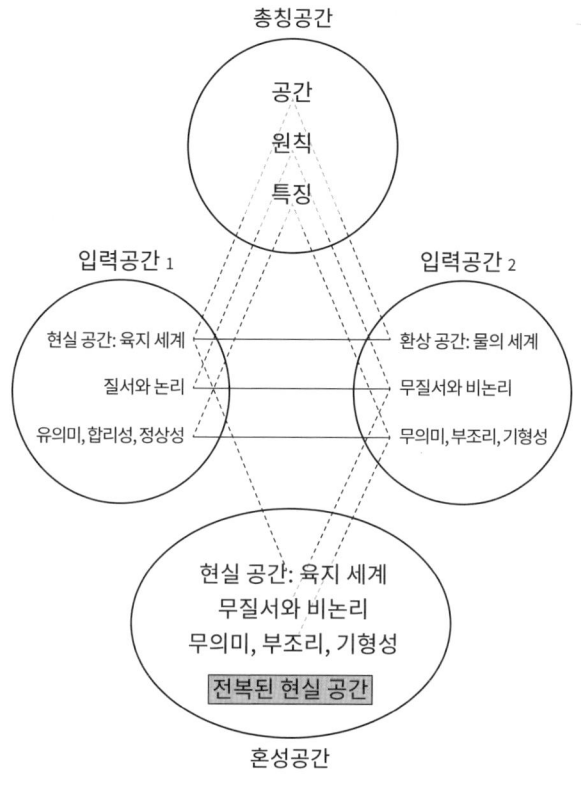

'전복된 현실 공간'에 대한 개념적 통합망

 총칭공간의 [공간], [원칙], [특징]을 구성요소로 하여, [현실 공간: 육지 세계], [질서와 논리], [유의미, 합리성, 정상성]으로 이루어진 입력공간$_1$과 [환상 공간: 물의 세계], [무질서와 비논리], [무의미, 부조리, 기형성]으로 이루어진 입력공간$_2$가 구축된다. 이때 [공간] 요소에 해당하면서 육지 세계를 지시하는 [현실 공간]은 물의 세계를 지시하는 [환상 공간]으로 사상된다. 현실 공간의 [원칙]으로 작용하는 [질서와 논리]는 환상 공간의 원칙인 [무질서와 비논리]와 대응된다. 그리고 [특징] 요소에 따라 현실 공간의 특징인 [유의미, 합리성, 정상성]은 환상 공간의 [무의미, 부조리, 기형성]에 각각 대응된다. 이후 선택적 투사에 의해 입력공간$_1$의 [현실 공간: 육지 세계]가 혼성공간으로 투사된다. 그리고 입력공간$_2$에 있는 환상 공간의 [원칙]인 [무질서와 비논리]와 환상 공간의 [특징]인 [무의미, 부조리, 기형성]이 각각 혼성공간으로 투사된다. 결과적으로 혼성공간에는 현실 공간이라는 공간적 범위 내에 환상 공간의 [원칙]과 [특징]이 투영된다. 이러한 개념적 혼성의 결과로 현실 공간인 육지 세계는 환상 공간의 물의 세계에 작용하는 특징과 원칙을 그대로 반영하면서 [전복된 현실 공간]이라는 아이러니가 발현된다.

'전복된 현실 공간'의 부조리와 모순

이 혼성공간에 존재하는 [전복된 현실 공간]에 대한 구체적 예시를 통해 위의 개념적 통합망의 타당성을 추가로 논의할 수 있다. 《물의 아이들》 속 환상 세계에 존재하는 인물들이 저지르는 부조리하고 모순된 행위는 앞서 제시한 개념적 통합망의 혼성공간에 존재하는 아이러니를 구체적으로 경험하게 한다. 이 소설에서 기이한 행동을 하는 인물은 현자, 약사, 과학자, 경찰, 부모와 교사로 분류된다. 현실 사회에서 이 인물들은 각자 해당 분야에 대한 전문지식을 갖고 있으며, 각자의 역할은 다른 사람들에게 중요한 영향력을 행사할 수 있으므로 큰 책임이 요구된다. 그러나 환상 세계에서 위의 인물들은 예상치 못한 방식으로 행동한다. 그들은 현실 세계에서 마땅히 갖추어야 할 전문성이 없을 뿐만 아니라 책임감도 부재하며, 이로 인해 사람들에게 해를 끼치게 된다. 그 결과 환상 속 인물들의 행동이나 역할은 현실 세계의 일반적인 사회적 기대나 역할과 충돌된다. 이러한 불일치의 요소를 입력공간에 설정하면 다음과 같다.

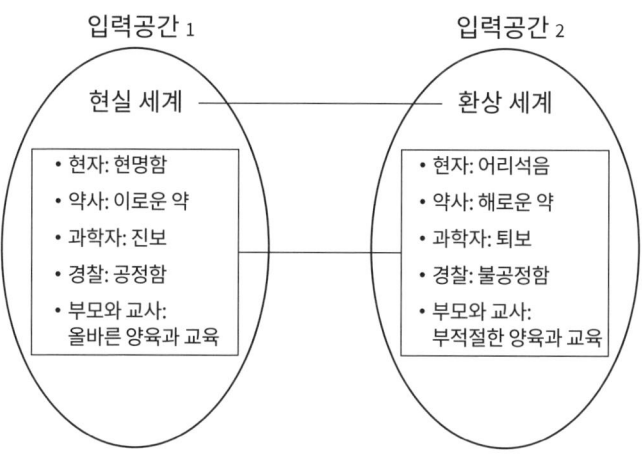

현실 세계와 환상 세계의 대립

위 그림에서 입력공간$_1$의 [현실 세계]와 입력공간$_2$의 [환상 세계]는 완전히 대립된다. 현실 세계의 요소 [현자: 현명함, 약사: 이로운 약, 과학자: 진보, 경찰: 공정함, 부모와 교사: 올바른 양육과 교육]은 환상 세계의 요소 [현자: 어리석음, 약사: 해로운 약, 과학자: 퇴보, 경찰: 불공정함, 부모와 교사: 부적절한 양육과 교육]과 각각 일대일 대응된다. 현실 세계에서 현자는 현명함을 지닌 사람이고, 약사는 사람들에게 이로운 약을 제조한다. 더욱이 과학자는 세상을 진보시키는 위대한 연구를 수행한다. 경찰은 공정성을 실현하고, 부모와 교사는 아이들을 올바로 양육하고 교육하는 책임을 맡고 있다. 이와는 달리 환상 세계에서 현자는 어리석음을 보이고, 약사는 해로운 약을 제조하고, 과학자의 연구는 세상을 오히려 퇴보시킨다. 경찰은 불공정하게 일을 집행하고, 부모와 교사는 아이들을 부적절하게 양육하고 교육한다. 이를 통해 환상 세계 속 인물의 행동과 목적이 현실 세계에서 기대되는 것과 완전히 어긋나 있음을 확인할 수 있다. 이를 구체적으로 《물의 아이들》의 텍스트 분석을 통해 살펴보면 다음과 같다.

첫째, 《물의 아이들》에서 현명한 사람들이 산다고 알려진 고탐(Gotham) 마을에서 현자들은 똑똑한 척하며, 오히려 이치에 맞지 않게 일을 처리한다. 그들은 '달이 연못에 빠졌다며 연못을 샅샅이 뒤지고, 일 년 내내 봄을 유지하기 위하여 뻐꾸기 주변에 울타리를 만드는 사람들'이다. 그들은 봄을 계속 유지하기 위해 자연의 현상마저도 인간의 목적에 맞게 고쳐서 만들 수 있다고 생각한다.

둘째, 헌종이 땅(Waste-paper-land)에 사는 사람들은 "책을 쓸 위대한 사람들이 없다"라는 변명을 둘러대며 나쁜 책으로부터 더 나쁜 책을 만들기 위해 책을 뒤지며 먼지를 털고 있다. 더구나 약사들은 오래되어 해묵은 과학부인의 대저서(Madame Science's big book)를 보며 어린이들에게 먹일 신약을 제조하고 있다. 그들이 제조하는 약은 효용이 없는 약임에도 불구하고 현란한 용어로 포장되어 팔린다. 그러나 그 약을 먹은 아이들의 병든 몸은 더욱 망가져 간다.

셋째, 풍문의 땅(great land of Hearsay)에 사는 괴상한 늙은 거인의 주머니에는 세상 탐험에 필요한 현미경, 망원경, 기압계 등 갖가지의 과학도구들이 들어 있다. 에피메테우스의 후손(son of Epimetheus)이라고 말하는 거인은 세상에 유용한 일을 하는 과학자에 속한다. 그런데 이상한 점은 그 거인이 앞으로 달리는 것이 아니라 가능한 뒤를 향해 서둘러 달리고 있다는 사실이다. 거인은 갖가지의 도구로 세상을 분석하여 사람들에게 지식을 알려 주려 하지만 사람들은 거인을 피해 도망 다니고, 거인은 도망 다니는 사람들을 계속 쫓아다닌다. 거인은 과학적 진보를 위해 앞으로 나아가지만, 실상은 앞을 보지 못한 채 뒤로 걸어가는 퇴보적인 행위를 반복하고 있다.

넷째, 경찰봉은 이상한 형상을 띠고 있다. 경찰봉은 사물임에도 불구하고 '다리와 팔 없이도 달려오는' 것처럼 묘사되어 마치 사람처럼 행동하는 듯이 보인다.

> "왜 경찰관 없이 다니세요?" 톰은 잠시 뒤 물었다. "왜냐하면 우린 지상 세계에서 경찰관이 들고 다니지 않으면 다닐 수 없게 멍청하게 만들어진 경찰봉하고는 다르거든. 경찰관 없이도 우리 스스로 일을 할 수 있어, 그것도 아주 능숙하게 잘해. 그렇게 말하면 안 되지만 말이야." (179)

위의 인용에서 경찰관이 소유해야 할 도구인 경찰봉이 사람처럼 눈이 달려 있고, 팔다리 없이도 중심을 잡고 걸어간다. 경찰봉은 스스로 균형을 잡아 안정된 평형 상태를 유지한다. 또한 마치 사람처럼 톰에게 질문하기도 하고, 기이한 방식으로 행동한다. 경찰봉은 경찰관이 없어도 일을 더 잘하고, 경찰관보다도 정의감에 더 가득 차 있다.

다섯째, 톰토디 섬(Isle of Tomtoddies)에서 어리석은 부모들은 아이들에게서 아이다움을 빼앗는다. 섬에서는 아이들이 즐길 놀잇감도 허용되지 않는다. 교사는 학교에서 매주 토요일마다 주간 시험, 달마다 월간 시험, 해마다 연말 시험으로 아이들을 끊임없이 압박한다. 아이들은 제곱근과 별 사이의 거리, 위도, 경도 등의 어려운 과학적 지식을 배워야 한다는 강박감에 시달리면서 몸통 없이 머리만 남은 해괴한 형상으로 변해간다. 그런데 아이들이 다양한 지식을 배움에도 불구하고, 그들이 아는 것이라곤 오로지 시험관이 오고 있다라는 두려운 사실뿐이다. 게다가 아이들의 뇌 속에서는 뇌를 모조리 갉아먹는 큰 벌레가 기생하면서 배운 지식을 모두 먹어 치우고 있다. 결국 아이들은 '불행한 순무'로 변형되고 시간이 지나면서 쪼개지고 쭈글쭈글해져 껍질과 물만 남아 있는 채로 죽어간다.

이처럼 《물의 아이들》에 나타난 환상 세계의 기이한 인물들의 모습은 독자에게 환상과 현실의 괴리감을 느끼게 한다. 이로 인해 독자는 아이러니를 인식하며, 아래와 같이 소설 속에 숨겨진 의도를 파악하게 된다.

첫째, 고탐 마을에 사는 현자들의 엉뚱한 행동은 오히려 현실 세계에서 현명한 척하는 사람들의 인지 능력이 결핍되어 있음을 드러낸다. 현자들의 어리석은 행동은 인간의 이성적 능력과 현명함이 어떠한 기준으로 정의될 수 있는지에 대한 의문을 제기하게 한다.

둘째, 헌종이 땅에서 나쁜 책을 만드는 사람들의 행동은 지식이 돈벌이가 되는 장사 수단으로 변질되고 있는 현실을 비판적으로 보여준다. 특히 물질적 이익에 현혹되어 해로운 약을 제조하는 약사들의 비윤리적 행위는 지식의 오용이 사람들에게 해를 끼칠 수 있음을 강조하며, 지식인들의 도덕적 책임감의 부재를 질타하고 있다.

셋째, 풍문의 땅에 사는 거인의 모습은 과학 기술의 발전이 인간의 삶을 편리하게 해주는 것이 아니라 오히려 퇴보를 초래하고 있음을 강조한다. 과학적 지식을 축적하는 데에만 몰두하는 거인과 그 거인을 피해 도망치는 사람들의 모습은 과학의 진보가 사람들의 삶에 불필요하거나 불안을 유발하는 것임을 증명한다.

넷째, 경찰봉의 기이한 형태는 경찰봉과 경찰관의 전도된 역할을 보여주며, 빅토리아 시대의 법 제도의 불공정성을 비판적으로 드러낸다.[8] 이

---

8   당시 사법 제도의 실체는 찰스 디킨스의 《황폐한 집》(Bleak House, 1853)의 챈서리 대법정(High Court of Chancery)의 예에서 극명하게 나타난다. 이 소설에서 대법정에서 계류 중인 '잔다이스 대 잔다이스 사건'은 여전히 해결되지 않은 채

경찰봉은 빅토리아 사회의 현실, 즉 잘못 집행되는 법과 질서, 그리고 경찰과 사법관의 부정직한 행위를 조롱하며, 경찰에 대한 사람들의 불신을 보여주고 있다. 이 소설에서 경찰 없이도 스스로 걸으며 중심을 잡고 이동하는 경찰봉의 모습은 경찰보다 더 높은 수준의 정의를 추구하는 것을 상징한다.

다섯째, 순무로 변형된 톰토디 섬의 아이들은 부모와 교사의 잘못된 양육과 교육방식, 즉 빅토리아 시대의 공리주의적 양육 방식과 억압적 교육 환경으로 발생한 희생자를 대변한다.[9] 본래 톰토디 섬은 조너선 스위프트(Jonathan Swift, 1667~1745)의 《걸리버 여행기》(Gulliver's Travels,

---

질질 끌며 소송이 진행 중이다. 이 사건으로 많은 사람이 죽었지만, 법관들에게 이 사건은 웃음거리에 지나지 않는다. 이보다 끔찍한 것은 이 사건에 휘말린 사람들의 고통을 묘사하는 대목이다. '천천히 돌아가는 맷돌에 갈리는 것, 느린 속도로 불 속에서 구워지는 것, 벌 한 마리 한 마리에 쏘여 죽는 것, 한 방울씩 떨어지는 물에 익사하는 것, 천천히 조금씩 미쳐가는 것'에 비유된 사람들의 고통을 통해 디킨스가 비판하고자 하는 것은 '모든 부도덕한 일'이 행해지면서 온갖 비참함을 유발하는 빅토리아 사회의 사법 체계의 제도적 오용과 권력의 남용이다.

9 찰스 디킨스의 《어려운 시절》은 잘못된 양육과 교육 환경으로 인해 파국적 종말에 이르게 된 아이들의 비극적 모습을 잘 보여준다. 과학과 경제의 발전, 진보와 팽창에 목말라하던 빅토리아 시대의 학교에서는 모든 것을 수치화하고 통계화하면서 아이들에게 오직 숫자적 개념만을 주입함으로써 인간의 감정을 철저히 배제하는 교육을 자행했다. 숫자 이외의 것은 고려할 대상이 아니었고, 호기심과 상상력은 교육에서 배제되어야 할 가장 하찮은 것이었다. 그들은 같은 시간에, 같은 공장에서, 같은 원리에 따라, 마치 '수많은 피아노 다리'처럼 만들어지는 기계의 부속품과 동일시되었다. 가정의 엄격한 양육 방식은 아이들의 상상력을 말살시키고 감정을 메마르게 했다. 개인의 영혼이나 감정 따위는 하찮은 것으로 무시되었고, 아이들은 '온갖 말라버린 뼛조각과 톱밥으로 가득 채워진' 삶을 살았다. 교실에서는 학생들이 그들의 이름 대신 부여받은 번호로 불렸고, 인간 고유의 개성과 다양성은 처참히 뭉개져 갔다. 이와 같은 환경에서 교사가 학생들에게 가르치는 것은 한 사람의 인간으로서는 도저히 습득할 수 없는 '터무니없는 백과사전식 정보'를 욱여서 밀어 넣는 것뿐이었다.

1726)에 등장하는 라퓨타 섬(Isle of Laputa)이다. 《물의 아이들》을 읽는 독자는 톰토디 섬에서 순무로 변형된 아이들이 《걸리버 여행기》의 라퓨타 종족을 재현하고 있음을 인식하게 된다.

> 그때까지 체형, 습관, 용모 면에서 그렇게 특이한 인간 종족을 본 적이 없었다. 그들의 머리는 모두 오른쪽이나 왼쪽으로 젖혀져 있었고, 한쪽 눈은 안쪽으로 향했고, 다른 한쪽 눈은 천체를 향하고 있었다. (133)

위의 인용에서 라퓨타 섬에 사는 사람들은 거인처럼 괴상한 모습으로 이상한 복장을 하고 있다. 그뿐만 아니라 머리는 한쪽으로 기울어져 어긋나 있고, 각기 다른 곳을 향한 두 눈은 같은 방향을 보지 못한다. 그들의 편향된 시야는 현실의 모습을 바로 보지 못하는 사람들의 편협성을 드러낸다. 더구나 그들의 비뚤어진 신체는 한순간도 마음의 평안도 얻지 못하는 불안한 정신 상태를 반영한다. 독자는 《물의 아이들》의 톰토디 섬 아이들의 삶이 상상력과 공상, 그리고 발명에 대해 전혀 모르고, 심지어 그들의 언어에 그러한 개념을 표현하는 단어도 없이 무감각하게 살아가는 라퓨타인의 삶과 크게 닮았음을 절실히 느끼게 된다.

독자의 아이러니 인식

다음은 환상과 현실의 대립을 통해 독자가 아이러니를 인식하는 과정을 개념적 통합망으로 나타낸 것이다.

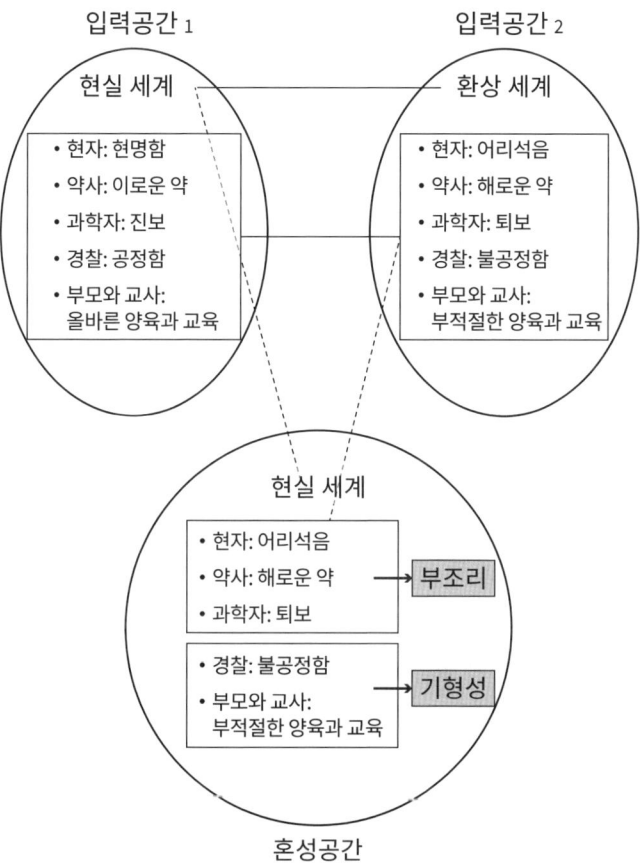

'전도된 인물들의 역할'에 대한 개념적 통합망

위의 개념적 통합망을 통해 볼 때, 아이러니가 발현되는 혼성공간으로 입력공간$_1$의 [현실 세계]가 투사된다. 다음으로 입력공간$_2$의 [환상 세계]의 요소 [현자: 어리석음, 약사: 해로운 약, 과학자: 퇴보]가 투사되어 현실 세계에 사는 현자, 약사, 과학자의 행동이 [부조리]하다는 새로운 의미를 발생시킨다. 그리고 입력공간$_2$의 [경찰: 불공정함, 부모와 교사: 부적절한 양육과 교육]이 혼성공간으로 투사된다. 이것은 경찰의 불공정한 권력 행사와 부모 및 교사의 비정상적인 교육 방식이 현실 세계에서 [기형성]을 일으키는 것을 의미한다. 경찰봉과 경찰의 예시에서 볼 수 있듯이, 힘과 권력이 지배하는 사회는 결국 사람보다 사물이 우선시 되어 버리는 기형적 상황을 초래한다. 또한 순무로 변형된 아이들을 통해 알 수 있듯이, 잘못된 가정 교육과 학교 교육은 아이들의 정상적 성장을 왜곡시켜 기형적으로 만들어버린다.

정리하면, 《물의 아이들》에 나타난 환상 공간은 무의미, 부조리, 기형성의 특징을 지닌다. 이러한 특성은 현실 공간과의 대비를 통해 아이러니를 생성한다. 이러한 아이러니는 독자를 혼돈에 빠지게 함과 동시에 빅토리아 시대에서 보이는 현실 세계의 모순과 위선을 폭로한다. 그 결과 독자는 겉으로 정상적으로 보이는 현실 세계의 모습이 실제로는 모순적이고 비정상적이라는 사실을 깨닫게 된다. 특히 이 소설에서 고통받는 톰토디 섬 아이들의 비극적 결말은 독자에게 대단히 충격적이다. 그렇지만 독자는 충격과 공포에 그대로 머물러있지 않고, 현실을 다른 시선으로 바라보려고 노력한다. 독자는 아이들이 더 이상 비정상적인 교육 체제의 희생양이 되지 않도록 현실을 개선할 대안의 방법을 모색하게 한다.

아이러니를 인식한다는 것은 독자에게 무의식적으로 살아가던 삶의 현실을 되돌아보고, 현실을 비판적으로 사유하여 변화의 방법을 모색하게 만든다는 긍정적 측면이 있다.[10] 따라서 《물의 아이들》을 읽는 독자는 아이들이 자연에서 '꽃을 따고, 진흙으로 파이를 만들고, 새 둥지를 가지고

---

10 아이러니는 균형 잡힌 폭넓은 시야를 확보하고, 인생의 복잡성과 가치의 상대성에 대한 인식을 드러내며, 직설법으로 가능한 것보다도 더욱 광범위하고 풍부한 의미를 표현한다.

놀고, 구스베리 덤불에서 춤을 추며' 자연과 함께 하는 삶의 중요성을 깨닫고, 이러한 생태적 삶을 살아갈 수 있는 현실 세계를 추구하게 된다.

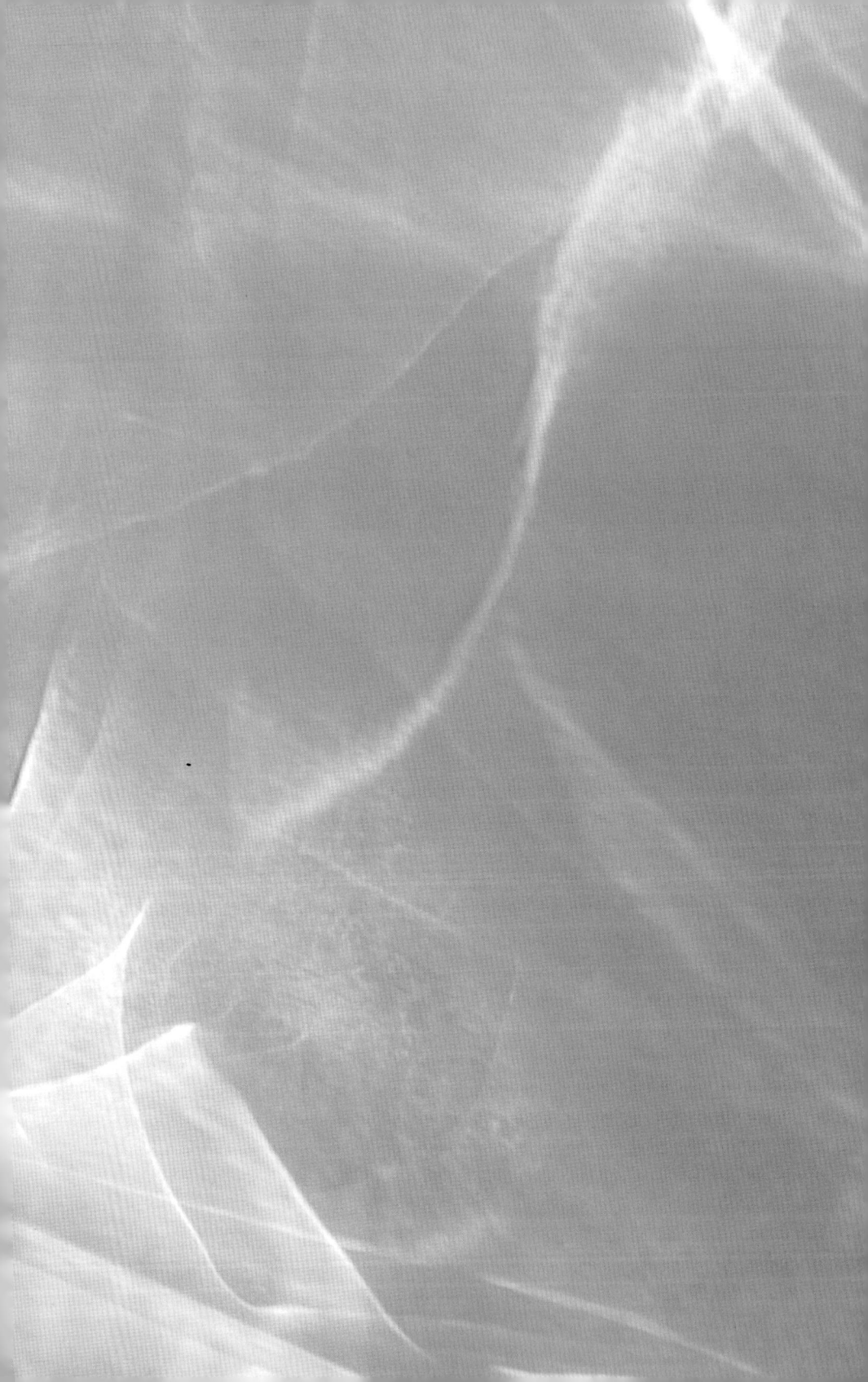

제5장
생태인식 담화와 현저성

생태인식 담화는 생태 인식을 향상시키는 실천적 내용을 담고 있다. 생태 인식은 인간중심적 시각에서 벗어나 자연을 바라보며 자연의 존재 의미와 생명체의 가치를 깨닫는 것이다. 이 장에서는 《물의 아이들》의 저변을 구성하는 생태적 담화의 의미를 검토하기 위해 '물의 세계에 대한 인식'과 '동물에 대한 인식 전환'이라는 주제로 텍스트 분석을 진행한다. 또한 이 주제들이 심리적 장치인 현저성(salience)과 다양한 은유 표현을 통해 텍스트에 구현되는 과정을 살핀다. 특히 현저성을 드러내는 전경화(foregrounding) 그리고 특정 어휘의 선택 및 범주 등의 생태언어학적 접근 방식을 통해 생태적 담화의 내용과 언어적 형태의 연계성을 종합적으로 살펴보고, 생태 인식을 높이는 언어 사용 및 그 실행 방안에 대한 구체적인 예를 제시한다.

5.1 물의 세계에 대한 인식

자연에 대한 인식 차이

《물의 아이들》이 출판될 당시 빅토리아 시대는 현미경을 통한 엄밀한 관찰과 정확한 데이터를 측정하여 분석하는 실증적 연구 방식이 지배적이었다. 따라서 자연을 하나의 아름다운 존재로 바라보지 않고, 분석하고 검증해야 할 물질 혹은 대상으로 바라보았다. 이 소설에서 프트므르느스프르츠 교수(Professor Ptthmllnsprts)는 당시 린네 학파(Linnaean Society)처럼 사실적인 것을 세세히 분석함으로써 과학적 사실을 파악하는 것에만 중점을 두었다. 프트므르느스프르츠 교수는 물의 아이가 존재한다고 믿는 엘리의 주장을 거세게 부인하며 '물의 아이는 자연에 거스르는 것'이라고 말한다. 그는 영국 협회에 발표된 자신의 유명한 논문의 개요를 설명하며 엘리에게 어려운 과학적 지식만을 주입한다. 자연을 분석 대상으로 삼는 교수에게 자연은 기계나 사물에 불과한 것으로 여겨질 뿐이다.

이와 대조적으로, 엘리는 물의 아이의 존재를 믿는다. 그녀는 자연의 경이로움을 보는 미적 감각으로 자연을 신비롭게 바라보며 깊은 바닷속에 물의 아이들이 살고 있을 거라고 상상한다. 엘리의 상상력은 자연의 생명력을 예술로 표현한 헤켈의 생태학적 사유 방식이다.[1] 따라서 《물의

---

[1] 생태학의 개념을 창시한 에른스트 헤켈은 정신과 물질을 나누는 자연과학적 방법론의 이원론을 철저히 부정하고, 잘게 쪼개진 자연계의 부분과 전체적인 상호연결성을 주장한다. 동물학자이면서 화가이기도 한 헤켈은 바다 생태계에 관심을 두어 어류와 해양 무척추동물을 연구하고, 방산충(radiolarian) 삽화 작업에 몰두한다. 그는 과학적 정교함을 토대로 자연을 세밀하게 묘사함으로써 과학과 예술의 아름다움을 결합하고, 자연을 하나의 아름다운 그림으로 완성하고자 한다. 헤켈의 생태학은 자연을 이해하는 새로운 시각을 제공한다.

아이들》에서 자연은 '놀랍고 아름다운 작품'으로, 즉 단지 눈에 보이는 것만으로는 이해할 수 없는 예술 작품으로 표현된다. 풍부한 상상력을 지닌 엘리는 물의 아이들을 수백 번도 더 마음속에 그려보면서 "그것은 너무 예뻐서 틀림없이 사실일 거예요"라고 말한다. 이는 인간의 눈으로 물의 아이를 볼 수 없다고 해서 물의 아이가 존재하지 않는다고 말할 수 없다는 사실을 설명해 준다. 이러한 엘리의 사고는 "아름다움은 진리이고, 진리는 아름다움이다. 그것이 전부이다"라고 말한 영국의 저명한 과학자이자 발명가인 제임스 러브록(James Lovelock, 1919~2002)이 2009년에 출판한 《가이아》(Gaia)에서 밝히는 그의 생태적 사유 방식과 같다.[2] 즉, 엘리는 자연의 아름다움을 보는 생태적 상상력과 예술적 감수성으로 물의 아이를 인식한다.

전경화된 자연

자연을 바라보는 프트므르느스프르츠 교수와 엘리의 극단적인 시각 차이처럼 텍스트에서 자연의 묘사는 그것을 바라보는 작가 혹은 독자의 관점에 따라 서로 다른 방식으로 표현되거나 해석된다. 예를 들어, 인간중심적 관점에서 《물의 아이들》을 읽는다면 이야기의 중심인물인 톰을 중점적으로 바라보며, 물속 세계를 단지 톰의 성장을 위한 배경으로 여긴다. 이런 측면에서 물의 공간은 톰의 더러움을 씻어주는 곳, 톰의 재탄생을 위한 곳, 톰의 회개를 이끄는 곳으로 주인공의 목적을 실현하기 위한

---

[2] 가이아 가설(Gaia hypothesis)을 주장한 제임스 러브록은 우리가 사는 지구를 살아있는 거대한 유기체로 인식한다. 그는 인간이란 지구에 사는 모든 생명체와 함께 어울리며 살아가는 존재이고, 인간으로서 특별한 권한을 가지고 있지 않다는 점을 강조하며, 모든 자연의 존재가 가이아 공동체(community of Gaia)를 이루어야 한다고 주장한다.

유용한 수단으로 기능한다. 따라서 물의 공간인 자연은 텍스트 뒤에 희미하게 배경으로 존재하면서 중요하지 않은 것으로 취급된다. 인지언어학에서는 이러한 과정을 배경화(backgrounding)라고 말한다. 배경화는 참여자를 텍스트에서 중요하지 않은 것으로 여겨 배경으로 밀어 넣거나 제거해버린다. 이러한 배경화는 인간의 의식에서 자연을 멀어지게 하면서 인간을 자연 세계와 관계없는 것으로 여기게 만든다.

반면 생태적 상상력으로 이 소설을 읽는다면 자연의 공간인 물의 세계는 주인공 톰만큼이나 중요한 의미나 그 이상의 의미를 갖게 된다. 이런 시각에서 물의 세계는 단순한 배경이 아니라 소설의 핵심 요소로 전면에 두드러지는데, 이를 전경화(foregrounding)라고 부른다. 전경화는 어떤 양상을 다른 것보다 더 중요한 것으로 여기는 것으로, 전경화의 부분은 나머지 부분보다 더 상세하고 더 두드러지고 더 밝고 더 뚜렷하게 보이게 된다.[3] 《물의 아이들》의 전경화된 자연은 아름답고 신비스러운 공간으로 독자의 눈길을 사로잡게 된다. 독자는 전경이 된 상상의 세계 안에서 물의 아이들을 만나게 되고, 자연의 넓은 세계에는 사람들이 알지 못하는 수많은 생물 종이 어울려 사는 공간임을 인식하게 되며, 심지어 인간과 같은 방식으로 "물속에 사는 모든 생명체는 대화한다"라는 사실을 통찰하게 된다.

이처럼 우리의 의식 안에 자연의 존재를 뚜렷이 인식한다면 《물의 아이들》에 그려진 자연은 더 이상 배경으로 존재하지 않는다. 즉, 이 소설에 그려진 자연은 전경이 된다. 이 소설의 화자는 아이들에게 필요한 것은 "라틴 문법책이 아니라 환상의 해양 세계에 몰입함으로써" 이루어진다

---

[3] 문학 텍스트의 전경화는 반복과 흔치 않은 이름, 혁신적 묘사, 창조적 통사 배열, 말장난, 각운, 두운, 운율적 강조, 창조적 은유의 사용 등 다양한 장치로 구현된다.

는 점에 주목하여, 독자를 보다 넓은 자연의 세계인 상상의 영역으로 초대한다. 그리고 만약 아이들의 상상 공간에 물의 아이들이 없다면 물의 아이로 변형된 톰의 이야기도 존재할 수 없을 거라고 하면서 "여러분들이 나의 이야기를 좋아하지 않는다면, 그냥 학교 교실에 가서 구구단이나 외우세요"라고 말하며 상상력을 통한 자연의 인식을 강조하고 있다.

현저성

이 책에서는 텍스트에 배경으로 존재하는 자연을 전경으로 끌어내 오는 방법으로, 현저성이라는 심리적 장치가 《물의 아이들》에서 다양한 언어적 유형으로 구현되면서 숨겨진 자연의 가치를 부각하고, 이를 통해 자연의 전경화 과정을 추인하고 있음을 밝힌다.

우선 현저성이란 구체적이고 특징적이며 생생한 묘사를 통해 관심을 기울일 만한 삶의 분야에 대한 언어적 혹은 시각적 재현이다. 현저성은 텍스트에서 강조된 초점(focus), 생동감(vitality), 타동성(transitivity)[4], 은유(metaphor) 등을 포함하는 언어적 특질을 통해 다양한 유형으로 드러나고, 이를 통해 삶의 영역을 더욱 생생하고 구체적으로 나타낼 수 있다. 현저성을 통한 《물의 아이들》의 분석은 인간중심적 시각에서 소거된 자연의 존재를 다시 상기시키고 그것을 선명하게 부각하는 과정으로, 자연과 인간의 관계를 재설정하는 것이다. 《물의 아이들》에서 자연을 전경화하는 현저성은 인간의 삶과 철저히 분리되었던 물속에 사는 다양한 생물의 존재를 새롭게 인식할 수 있는 계기를 제공한다.

---

[4] 타동성은 체계기능언어학의 개념으로 사건을 이루는 과정이 언어화되는 현상이다. 대상이 감각 주체로 명시되는 과정은 현저성을 부여한다. 예를 들어, "돼지가 호기심이 많다"에서 대상을 생명력을 지닌 감각 주체로 표현하면 현저성을 얻는다.

언어적 자질을 강조하는 현저성은 문학 작품 분석에서 특히 독자의 시선을 집중시키는 역할을 한다. 《물의 아이들》에서 현저성은 물속 생물의 독특한 외양 묘사에서 드러난다. 일례로 이 소설에 등장하는 각양각색의 생물은 고유한 색채로서 그것들의 개별적 특성을 나타낼 뿐만 아니라 자연 속에 존재하는 생물 종의 다양성을 함께 드러낸다. '사랑스러운 색깔'과 '공작 꼬리의 색'을 가진 생물, '연한 갈색거즈의 날개', '부드러운 갈색 털'을 가진 생명체는 색채 이미지를 통해 생물의 존재성을 부각한다. 특히 빛을 이용한 감각적 묘사는 밝고 선명한 이미지를 만들어내면서 자연 세계의 진귀함과 아름다움을 돋보이게 한다. '만 개의 다이아몬드처럼 빛나는' 잠자리, '빛나는 유리' 같은 수달, '눈부신 은빛' 몸을 가진 연어, '순수한 은빛 리본'으로 장식된 생명체, '오팔'처럼 반짝거리는 나방은 자연의 생명체에 밝고 투명한 이미지를 투사함으로써 독자의 이목을 집중시킨다.

하위층위의 명명화

《물의 아이들》의 현저성을 강하게 구현하는 언어적 유형은 명명화(naming)의 과정이다. 명명화의 기법은 개별화(individualisation)의 한 측면으로 각 개체가 유일하고 대체 불가능하다는 점을 언어적으로 특징부여 하는 방법이다. 즉, 어떤 특정 개체를 독립적 이름으로 명명함으로써 그 개체에 초점을 투사하는 것이다. 개별화는 개인이 더 큰 집단이나 무리의 일부분에 함몰되거나 동화되어버리는 동질화(homogenisation)의 과정과 반대되는 것이다.

언어적 명명화는 여러 층위에서 가능하다. 예를 들어, 우리가 잘 알고 있는 대체로 붉은 색깔을 띤 달고 동그란 과일을 생각해 보자. 이 과일을 단순히 '사과'라고 명명할 수 있지만 '부사', '아오리', '홍로' 등의 세분화된 이름으로 명명할 수도 있다. 첫 번째 층위보다는 두 번째 세분화된 층위의 명명이 각 개체에 초점을 더 집중시키고, 그 개체가 현저하게 다른 개체와 독립적으로 분리되어 존재한다는 심리적 상태를 전달한다. 심리학에서는 범주화의 위계 층위를 논할 때 중간 층위에서의 포괄적 개념을 표상하는 층위를 기본층위(basic level)라고 지칭하면서, 일반 사람들이 특정 개체를 범주화하는 과정은 기본층위의 단계에서 발생한다고 했다. 위에 언급한 빨간 과일을 **농산물**이라고 범주화하기엔 지나치게 추상적이며 또한 **홍로**로 범주화하기엔 다소 세분화되기 때문에 중간 층위의 개념인 **사과**가 가장 적합하다고 생각하는 경향이 높다. 이처럼 어떤 개체의 범주화 작업에서 명명화 과정은 그 개체에 대한 이미지와 개념 형성에 큰 영향을 미친다. 그러나 개념화의 기본층위가 모두에게 동일하게 설정되는 것은 아니다. 해당 분야에 대한 전문지식이 많을수록 이들에게 기본층위는 구체적 수준으로 하향 이동한다. 예를 들어, 사과 농장을 경영하는 사람에게는 **사과**라는 개념은 의미 없는 추상적 수준에 머문다. 이들에게는 **홍로** 혹은 **부사**라는 개념이 훨씬 더 중요하다.

이와 유사한 맥락에서 조지 레이코프와 엘리자베스 웨흘링(George Lakoff & Elisabeth Wehling)이 2012년에 출간한 책 《이기는 프레임》(The Little Blue Book)에서 "기본층위의 단어가 우리 마음속 이미지를 활성화시킨다"라고 주장한다. 이들은 기본층위에서 표현된 단어가 사람들에게 그 단어를 분명히 인식하게 만들고, 그 단어를 통해 구체적인 이미지를 떠올리게 만든다고 말한다. 다시 말해, 추상적인 개념은 사람과 직접적으로 관련성이 없다고 느끼게 하지만 구체적인 단어는 선명한 이미지를 제공함으로써 사람의 사고방식과 행동에 영향을 미친다는 것이다.

이들의 말을 빌려보자. "'환경'이라는 단어는 추상적 범주이다. 그것을 들었을 때 마음속에 떠오르는 확실한 이미지가 없다. 이것은 '숲', '흙', '물', '공기', '하늘' 등의 단어와 대조적이다. 이 단어들은 명확한 이미지를 제시한다. 우리는 모두 하늘을 본 적이 있고, 물을 만져본 적이 있으며, 호흡하면서 숲속을 걸어본 적이 있다."

이와 같은 방식으로 환경오염이라고 말하는 대신 '우리가 걷는 숲', '밟는 흙', '마시는 물', '숨 쉬는 공기', '맑은 하늘'이 더러워지고 있다고 말하는 것이 사람들에게 구체적인 이미지를 떠올리게 하고, 이를 통해 생태 인식에 대한 현저성을 훨씬 더 구체적이고 적극적으로 촉발할 수 있다. 따라서 현저성을 적극적으로 고취하기 위해서는 일반적인 용어로 지칭되는 상위어(hypernym)가 아닌 매우 구체적이고 상세한 대상을 표현하는 하위어(hyponym)가 더욱 효과적인 언어적 선택이라고 할 수 있다. 따라서 생태 인식과 관련된 개념화 과정에서 사용되는 어휘의 기본층위를 상위층위가 아니라 하위층위에서 실현하는 것이 타당할 수 있다.

《물의 아이들》에서 물의 세계는 추상적 단어가 아니라 매우 세분화된 하위층위의 단어를 사용하여 물과 관련된 다양하고 구체적인 모습을 묘사하고 있다. 심지어 물과 결합된 단어들의 목록은 "육지의 모든 것은 물속에 복제물이 있다"라는 것을 상기시킬 만큼 실제적이고 생생한 이미지를 떠올리게 만든다. 이는 물속과 인간 세상의 모든 존재가 서로 연결되어 있음을 제시한다. 아래의 표는 《물의 아이들》에 나타난 물과 결합된 단어들을 생명의 유무에 따라 생명이 있는 '물요정', '물인간', '물생물' 그리고 생명이 없는 '물속의 것'으로 구분한 것이다. 이어서 '물생물'의 범주를 '물동물'과 '물식물'로 분류하고, 그다음 '동물'의 범주에서 '조류'와 '곤충'을 각각 나누었다.

물세계(water-world)				
1	물요정 (water-fairy)			
2	물인간 (water-men)	물아기 (water-baby)		
3	물생물 (water-creature)	물동물 (water-animal)	물생쥐 (water-rat) 물호랑이 (water-tiger) 물돼지 (water-hog) 물고양이 (water-cat) 물개 (water-dog) 물원숭이 (water-monkey) 물다람쥐 (water-squirrel) 물게 (water-crab) 물거북 (water tortoise)	
		물곤충 (water-insect)	물귀뚜라미 (water-criket) 물장구애비 (water-scorpion) 물딱정벌레 (water-beetle)	
		물조류 (water-bird)	물지빠귀 (water-ouzel)	
		물식물 (water-plant)	물꽃 (water-flower)	물백합 (water-lily)	물백합 잎 (water-lily leaf) 물백합 뿌리 (water-lily root)
			물잡초 (water-weed) 물잔디 (water-grass)	

3	물생물 (water-creature)	물식물 (water-plant)	물미나리아재비 (water-crowfoot) 물수세미 (water-milfoil) 물냉이 (water-cresse) 물나무 (water-tree)	
4	물속의 것 (water-thing)	물언어 (water-language)		
		물장소 (water-place)	물길 (water-way) 물정원 (water-garden) 물목초지 (water-meadow) 물숲 (water-forest)	
		물음식 (water-food)	물죽 (water-gruel) 물우유 (water-milk)	

'물'과 조합된 단어 목록

위의 표에서 볼 수 있듯이, 물의 세계에서는 요정, 인간, 다양한 동·식물, 언어, 장소, 음식에 이르기까지 각각의 것들이 세분화된 이름으로 명명되면서 독자에게 물속 생태환경에 대한 무한한 호기심을 불러일으킨다. 예시로, 곤충과 조류에 해당하는 개체는 상위어인 '물생물'이라고 추상적으로 통칭되기보다는 기본층위의 어휘인 '물동물'로 불린다. 이후 다시 '물곤충'과 '물조류'로 분류되어 하위층위에 해당하는 각각의 이름에 따라 지칭된다. '물식물' 중 '물꽃'에 해당하는 '물백합'을 명명할 때도 꽃의 구성 부분에 따라 '물백합 잎', '물백합 뿌리' 등으로 자세히 분류함으로써 백합을 이루는 구성요소에 대한 생물학적 관심과 흥미를 자아낸다. 이처럼 물속 생물에 대한 세분화된 언어적 명명은 기본층위를 초월하여 매우 구체적이고 현실감 넘치는 표현을 만들어낸다. 이러한 언어 과정은 독자에게 해양 생명체의 계층 구조 지식에 관한 자신의 기본층위를 전문가의 기본층위로 맞추게 하는 인지적 조정을 이끌게 한다. 결과적으로, 언어적 명명화 과정이 추인하는 물속 생물의 존재에 대한 전문지식의 함양은 해양 생태계에 대한 현저성을 강하게 구축하게 하는 동기를 발현시킨다.

하위층위의 어휘 사용을 통한 현저성의 고취는 '물' 개념화 과정에서뿐만 아니라 다른 생물 개체의 개념화 과정에서도 발견된다. 다음 표에 나오는 '바다(sea)'와 결합된 단어 목록이 보여주는 구체적 명칭과 '상어(shark)'와 '진귀한 꽃(strange flower)'의 종류에 해당하는 명칭은 생태계를 구성하는 각 개체의 고유한 존재감을 일일이 드러내고 있다.

'바다'와 결합된 단어		상어의 종류	
바다동물	바다사자(sea-lion)	상어	백상아리(white shark)
	바다곰(sea-bear)		청상어(blue shark)
	바다말(sea-horse)		땅상어(ground shark)
	바다코끼리(sea-elephant)		귀상어(hammer-head)
	바다쥐(sea-mice)		톱상어(saw-fish)
	바다황소(sea-bull)		진환도상어(thresher)
	바다소(sea-cow)		빙상어(ice-shark)
	바다성게(sea-urchin)		돌묵상어(basking shark)
바다물건	바다펜(sea-pen)	진귀한 꽃의 종류	
	바다면도기(sea-razor)	꽃	콘월지방의 히스꽃(Cornish heath)
	바다빗(sea-comb)		금좁쌀풀꽃(Cornish moneywort)
	바다부채(sea-fan)		실뭉치풀꽃(delicate Venus's hair)
바다음식	바다케이크(sea-cake)		꼬리풀꽃(London-pride)

	바다사과(sea-apple)		데본 지방의 벌레잡이제비꽃 (little pink butterwort of Devon)
바다음식	바다오렌지(sea-orange)	꽃	아일랜드의 크고 푸른 벌레잡이제비꽃 (great blue butterwort of Ireland)
	바다토피(sea-toffee)		커네마라의 히스꽃 (Connemara heath)
	바다얼음(sea-ice)		투르크 폭포의 괴불이끼꽃 (bristle-fern of the Turk waterfall)

'바다', '상어', '꽃'과 조합된 단어 목록

'바다'는 육지 세계의 다양한 존재와 결합함으로써 새로운 단어를 만들어내고 있다. 이로 인해 생성된 고유한 단어들은 바다동물, 바다물건, 바다음식으로 분류되고, 그 안에 다양한 종류의 하위어를 포함하고 있다. 상어도 그 색깔과 생김새에 따라 다른 명칭으로 불리고 있다. 꽃의 이름도 장소와 관련되어 각각 다르게 명명되면서 인간이 알지 못하는 수많은 식물의 존재를 환기한다. 이런 방식으로 《물의 아이들》은 독자에게 세상에는 상상했던 것보다도 훨씬 더 많은 것과 그것에 대한 상세한 지식을 일깨워 준다.

정리하면, 《물의 아이들》은 물의 세계에 존재하는 다양한 생태적 개체를 명명화하는 과정에서 언어적으로 매우 구체적인 표현을 사용함으로써 해당 개체군에 대한 현저성을 높이고 있다. 이러한 현저성은 단순히 공간적 배경으로서 희미하게 존재하는 물의 세계를 텍스트의 중심으로 이동시키고, 자연의 아름다움과 신비로움을 더욱 돋보이게 하면서 생태 인식을 높이는 데 기여한다.

5.2 동물에 대한 인식 전환

동물의 인격화

최근 과학 연구의 진전, 환경 문제에 관한 관심 증가, 인간과 동물 간의 관계에 대한 철학적 고찰로 인해 인간과 동물의 관계에 대한 사람들의 인식이나 태도가 점점 바뀌고 있다. 이와 관련하여 생태언어학은 동물과 관련된 언어 표현의 양상을 통해 인간이 동물에 대해 생각하는 방식을 추적하고, 언어가 동물에 대한 개념을 어떻게 형성할 수 있는지를 탐구한다. 이 책에서는 인간의 삶에서 부정적인 은유로 표현되어 그 존재 가치를 인정받지 못했던 동물에 대한 인식 전환과 그 필요성에 대해 논의한다. 인간중심적 관점에서 동물을 지칭하는 언어 표현은 '식용', '생산용', '관상용', '실험 및 연구용'과 같이 유용성의 측면에서 인간의 삶에 얼마나 쓸모 있는지와 관련되어 있다. 또한 인간과 동물에 공통으로 사용되는 단어도 차별된 방식으로 이해된다. 사람은 '죽지만' 동물은 '뒈지고', 죽은 사람은 '시체'지만 죽은 동물은 '썩은 고기'에 불과하다. 이처럼 언어는 인간과 동물을 서로 다르게 표현함으로써 인간과 동물을 구별하고, 그 둘 간의 관계를 더욱 멀어지게 만드는 데 일조한다.

인간과 동물의 위계적 관계를 나타내는 다양한 언어 표현은 동물보다 인간의 내재적 우월성을 드러낸다. 서양철학의 오랜 전통으로 이어진 인간 우월성의 담론에서 동물은 인간보다 열등한 존재로 여겨졌다. 사람들은 우월함을 내세우기 위해 인간이 동물적 특성을 공유하고 있다는 사실을 부인했다. 인간과 동물의 구분은 산업화 시대 이후 더욱 뚜렷해졌는데, 그것은 동물을 먹이나 인간의 필요 때문에 죽이는 것을 합법화하기 위해서였다. 이러한 사고는 동물을 비유하는 언어에 그대로 반영됨으로써 동물에 대한 인간의 편견은 더욱 고착화되었다. 일례로, 영국국립코퍼스(British National Corpus; BNC)에 따르면 돼지와 관련된 부정적인 단어는 1억 개에 달한다. 이는 영국 문화에서 돼지가 얼마나 부정적으로 인식되었는지를 보여준다.[5]

더욱이 문학 작품에 표현된 동물에 대한 부정적 은유 표현은 사람들에게 동물에 대한 부정적 관념을 심어주면서 이로 인해 동물을 다루는 방법에도 강한 영향을 미치게 된다. 문학 텍스트에서 동물을 생명이 없는 물건이나 사물과 동일시하는 표현을 자주 접하게 되면 사람들은 그러한 언어를 일상생활에서 더 빈번하게 사용할 것이다. 이로 인해 사람들은 더 이상 동물을 생명이 있는 존재로 다루지 않고, 그 어떤 감정도 공유하지 않게 된다. 이와 반대로 동물을 긍정적으로 표현하는 것은 동물에 대한 부정적 인식을 바꾸고, 동물을 다른 방식으로 개념화할 수 있는 계기가 된다. 이러한 관점에서 동물을 인격화하는 것은 사람들로 하여금 동물에 대한 인간의 편견을 깨닫고, 동물을 사용 대상이 아니라 개별 주체로 인식하게 만든다. 더 나아가 동물의 인격화를 통해 인간과 동물을 구분하는 경계를 무너뜨릴 수 있다.

인간과 동물의 공생을 추구하려는 하나의 시도로 간주되는 대표적인 소설은 E. B. 화이트(E. B. White)가 1952년에 출간한 책《샬롯의 거미줄》(Charlotte's Web)이다. 이 소설에서 주인공 펀(Fern)의 아버지는 새끼 돼지가 단지 약하게 태어났기 때문에 "그건 아무런 역할도 할 수 없을 것이다"라고 생각하여 돼지를 죽이려고 한다. 이때 펀은 "제가 약하게 태어

---

[5] 돼지와 관련된 긍정적인 표현인 'you lucky pig(행복한 돼지)', 'happy as a pig in the mire(진흙에 있는 돼지처럼 행복한)' 등 몇 가지를 제외하고 대부분은 불쾌하고 부정적인 단어들이다.

났다면 저를 죽이셨을 거예요?"라고 따지며 새끼 돼지를 죽이려는 아버지를 강한 어조로 비난한다. 여기에서 아버지는 인간과 동물은 다르다는 입장을 취하고 있고, 펀은 인간과 동물은 다르지 않다는 사고를 하고 있다. 나아가 주인공 펀은 새끼 돼지를 죽이는 것은 '가장 끔찍한 불의를 저지르는 일'이라고 생각한다. 펀은 갓 태어난 돼지에게 윌버(Wilber)라는 이름을 붙여주고, 마치 사람을 대하듯 윌버를 정성스레 돌봐준다. 여기에서 새끼 돼지는 윌버라는 이름을 가진 존재로서 인격화된다. 이는 독자에게 동물과 인간의 간격을 허물고, 식용으로만 여겨졌던 돼지에게 인간적이고 친밀한 감정을 느끼도록 만든다. 화이트는 이 소설을 통해 동물의 생명을 경시하는 이기적 인간성을 비판하면서 돼지에 대한 새로운 인식의 전환을 마련했다.

동물 은유에 관한 언어학적 연구

언어학 연구에서도 20세기 후반 생태학의 등장과 함께 환경 보호, 기후변화, 동물 권리에 관한 관심이 증가함에 따라 동물 표현에 관한 연구가 이어졌다. 그리고 이는 생태적 담화 분석의 한 지류가 되었다. 생태언어학과 인간–동물의 연구에서 인간중심적 시각을 반영하는 언어 표현은 종과 종 사이의 관계에서 가장 문제가 되는 이슈이다. 이러한 동물 은유는 위계적 체계에서의 인간에 대한 동물의 지배를 정당화하기 때문이다. 애런 스티베는 동물을 담화에서 사라지거나 제외해버리는 동물 소거(animal erasure)의 형태가 인간의 의식에서 동물을 점점 사라지게 만들고 있다고 주장한다. 앤드류 고틀리(Andrew Goatly)는 2006년에 출간한 논문 〈인간, 동물, 은유〉(Humans, animals, and metaphors)에서 인간은 동물이다라는 개념적 은유의 다양한 해석 이면에 존재하는 사회적·문화적

이데올로기를 살펴보고, 이러한 이데올로기가 동물과 인간에 대한 우리의 태도와 행동을 형성하는 방식을 고찰한다.[6] 마이클 브라운(Michael H. Brown)은 2017년에 발표한 논문 〈비인간 동물과 영어 학습자 사전 및 등급별 독서자료에서의 관계대명사 'who'〉(Nonhuman animals and the relative pronoun 'who' in English learner's dictionaries and graded readers)에서 동물에 대한 인식을 전환하기 위해 동물을 가리킬 때 it이 아니라 사람을 지칭하는 대명사 혹은 관계대명사 who를 사용해야 한다고 제안한다. 브라운은 who는 의식을 내포하는 단어로서, 화자나 작가가 who를 사용하는 것은 직접적으로 동물에 대한 긍정적 태도를 표명하는 것은 아닐지라도 적어도 동물에 대한 더 나은 입장을 가질 가능성의 전제조건을 보여준다고 주장한다.

이러한 동물 은유에 대한 언어학적 분석을 바탕으로 《물의 아이들》에 나타난 동물 은유의 개념을 긍정적 관점에서 새롭게 정립할 수 있다. 동물을 인간의 필요에 의한 상품으로 취급하거나 효용성의 대상으로 바라보는 것이 아니라 동물을 내재적 가치를 지닌 존재로서 바라보거나 인간과 동물의 공생적 관계에 더 큰 비중을 둔다면, 이 소설에 나타난 동물 은유를 긍정적 시각에서 개념화할 수 있다. 즉, 인간중심적 시각에서 부정적이고 경멸적인 의미로 해석되었던 동물에 대해 긍정적인 개념을 끌어낼 수 있다. 마이클 할리데이의 지적처럼 "언어는 대응하는 것이 아니라 해석한다." 이는 우리가 동물 표현의 언어를 통해 동물에 대한 새로운 의

---

[6] 앤드류 고틀리는 인간은 **동물**이다의 은유를 세 가지의 방식인 "인간은 동물의 한 종류이다", "인간은 어느 정도는 동물이다", "인간은 동물은 아니지만 어떤 점에서는 동물과 비슷하다"로 나누어 각각의 은유에 내재된 이데올로기의 구성 방식을 고찰한다. 고틀리는 대부분의 동물 은유가 경멸적이고, 개념적으로 혹은 감정적으로 인간과 동물에 대한 거리두기를 강화하려는 목적을 하고 있다고 지적한다.

미를 구성하고 우리의 사고와 행동 방식을 바꿀 수 있음을 암시한다.

동물 은유의 의미 재정립

다음은 앤드류 고틀리가 제시하는 부정적인 동물 은유의 표현이다.

- 인간은 포유류이다

    bat(박쥐)-어리석고 성가시거나 불쾌한 사람

    bear(곰)-성질이 나쁜 사람

    dumb coyote(벙어리 코요테)-인도인 또는 혼혈인

    elephantine(코끼리)-극악한, 무도한

    harebrained(토끼 뇌)-어리석게도 비실용적인

    harelip(토끼 입술)-윗입술이 갈라진 선천적 결함

    herd(무리)-한꺼번에 모인 사람들

    jackal(자칼)-다른 사람이 떠난 자리를 이용하여 이득을 취하는 사람

    mole(두더지)-감시하는 내부자

    rabbit(토끼)-지속적이고 지루하게 이야기하다

    runt(송아지)-작고 약한 사람

    skunk(스컹크)-불쾌하고 불친절한 사람

    paw(발)-거칠고 성적으로 만지다

    fawn(새끼 사슴)-아첨하다

    weasel out of(회피하다)-하고 싶지 않은 일을 피하다

- 인간은 원숭이다

    monkey(원숭이)-장난꾸러기 또는 나쁜 행동을 하는 아이

monkey business(기만적인 행동)-정직하지 못하거나 나쁜 행동

make a monkey out of(바보 취급하다)-어리석게 보이게 하다

ape(유인원)-어리석고 어색한 사람

go ape(발광하다)-통제되지 않은 방식으로 행동하다

gorilla(고릴라)-거칠고 폭력적인 사람

■ 인간은 개이다

dog(개)-불쾌하고 믿을 수 없는 사람

dog in the manger(여물통 속의 개)-자신이 원하지 않는 것을 다른 사람이 즐기지 못하게 막는 사람; 심보가 고약한 사람

in the doghouse(노여움을 사서)-비난이나 질책으로 고통받는

bitch(음란한 여자)-불쾌하고 불친절한 여자

cur(불량배)-가치없고 비겁한 남자

puppy love(풋사랑)-미숙한 사랑

fox(여우)-영리하고 교활하며 비밀스러운 사람

vixen(암여우)-불쾌한 여자

outfox(계략으로 이기다)-더 교활한 사람이다

wolf(늑대)-성적으로 약탈적인 남자

wolf down(마구 먹다)-탐욕스럽게 먹다

wolfish(이리 같은)-사악하거나 위협적인

a wolf in sheep's clothing(양의 탈을 쓴 늑대)-기만적이고 교활한 사람

poodle(푸들)-다른 사람을 너무 열렬히 지지하거나 통제하려는 사람

hound(사냥개)-무엇을 얻기 위해 누군가를 위협적으로 따라다니다

bark(짖다)-다른 사람에게 큰 소리로 거칠게 말하다

bay(짖어대다)-탐욕스럽게 요구하다

yap(요란하게 짖어대다)-지속적이고 성가시게 떠들다

- 인간은 고양이다

    alley-cat(뒷골목 고양이)-매춘부 또는 창녀

    cat(고양이)-심술궂거나 험담하는 여자

    catty(심술궂게[악의적인] 말을 하는)-악의를 품은

    cat-burglar(밤도둑)-집을 털기 위해 조용히 올라가는 도둑

    copycat(흉내쟁이)-독창성이 부족한 모방자

    fat cat(살찐 고양이)-탐욕스럽고 부유한 사람

    man-eater(식인종)-성욕이 많은 난잡한 여성

    have kittens(발끈하다)-걱정하거나 화를 낸다

    pussyfoot(살그머니 걷다)-우유부단하게 행동하다

    wildcat(살쾡이)-비공식적이고 위험한 사람

- 인간은 말이다

    horsy(말 같은)-말처럼 못생긴 얼굴을 가진(여성)

    horse around(야단법석을 떨다)-시끄럽고 어리석게 행동하다

    horseplay(난폭한 놀이)-거칠고 시끄러운 행동

    ass(당나귀)-어리석은 사람

    coltish(망아지 같은)-젊고, 활기차고, 어색한

    dark horse(다크 호스)-비밀, 특히 자신의 놀라운 능력을 숨기는 사람

    donkey(당나귀)-어리석고 멍청한 사람

donkey-work(지루하고 고된 일)-일의 힘들고 지루한 부분
mule(노새)-불법 마약 운반책
mulish(노새 같은)-고집이 센

- 인간은 돼지이다

    pig(돼지)-탐욕적이고 뚱뚱한 사람, 불쾌하고 어려운 사람
    swine(멧돼지)-불쾌하고 불친절한 사람
    pig-headed(고집 센)-계획/아이디어를 지지하는 데 고집을 부리는
    pig out(걸신들린 듯 먹다)-과도하게 먹다
    male chauvinist pig(남성 우월주의자)-성차별주의자
    hog(게걸스레 먹다)-탐욕스럽게 독점하다
    roadhog(다른 차의 통행을 방해하는 운전자)-이기적이고 위험한 운전자

- 인간은 파충류/양서류이다

    reptilian(파충류)-불쾌한 사람
    snake(뱀)-불쾌하고 신뢰할 수 없는 사람
    a snake in the grass(풀숲에 있는 뱀)-신뢰할 수 없는 사람
    viper(독사)-신뢰할 수 없는 사람
    lizard(도마뱀)-게으른 사람
    lounge lizard(제비족)-사교적이고 후원받는 것을 좋아하는 게으른
        사람
    toad(두꺼비)-불쾌하고 매력적이지 않거나 사악한 사람
    toady(두꺼비 같은 사람)-자신의 이익을 추구하는 아첨꾼
    tortoise(거북이)-느리게 움직이는 사람

chameleon(카멜레온)-다른 사람을 기쁘게 하기 위해 의견을 바꾸는 사람

dinosaur(공룡)-매우 구식인 사람

dragon(용)-무서운 여자

- 인간은 물고기이다

    a cold fish(차가운 물고기)-쌀쌀하거나 냉정한 사람

    an old trout(늙은 송어)-늙고 못생긴 여자

    jellyfish(해파리)-비겁한 사람

    shark(상어)-정직하지 못한 사람

    loan shark(고리 대금업자)-돈을 많이 빌려주는 사람

    queer fish(이상한 물고기)-이상한 사람

    come the raw prawn(속이려고 하다)-무지한 척하여 속이려고 하다

    urchin(성게)-작고 거친 아이

- 인간은 새이다

    bird-brain(새 뇌)-어리석은 사람

    dolly bird(귀여운 새)-매력없고 똑똑하지 않은 젊은 여성

    jailbird(감옥새)-죄수

    cuckoo(뻐꾸기)-어리석은, 미친

    dodo(도도)-구태의연하고 관습적이며 활동적이지 않은 사람

    jay(어치)-어리석고 말이 많거나 과시적인 사람

    magpie(까치)-쓸모없는 물건에 집착하는 수집가

    mopoke(뉴질랜드솔부엉이)-어리석은 사람

old crow(늙은 까마귀)-늙거나 못생긴 소녀 또는 여성

ostrich(타조)-불쾌한 사실을 직면하기를 거부하는 사람

parrot(앵무새)-이해없이 반복하는 사람

peacock(공작)-자기 외모를 자랑스러워하는 남자

sool pigeon(대변 비둘기)-정보 제공자, 정책에 정보를 제공하는 범죄자

turkey(칠면조)-느리고 어리석은 사람

vulture(독수리)-상황을 악용할 준비가 된 사람

brood(알을 품다)-부정적인 감정이 있는 주제에 대해 조용히 생각하다

crow(수탉이 울다)-시끄럽게 자랑하다

flap(펄럭임)-불안한 상태

■ 인간은 닭이다

chicken(닭)-겁쟁이

chicken out(겁을 먹고 물러서다)-두려움을 통해 자제하다

cock of the walk(산책의 수탉)-자신만만한 또는 오만한 엄마

cocky(수탉 같은)-불쾌하고 무례할 정도로 자신만만한

hen-pecked(공처가인)-통제되고 아내에게 약간 겁을 먹는

　앤드류 고틀리가 제시하는 동물 은유의 표현은 동물에 대한 경멸적이고 비하적인 뜻을 대부분 내포하고 있다. 이러한 동물 은유는 동물에 대한 인간의 편견뿐만 아니라 사회적으로 동물처럼 취급되는 사람들에 대한 불평등과 차별된 인식을 보여준다. 고틀리는 동물에 대한 부정적이고 경멸적 표현이 인간이 동물보다 우월하다는 이데올로기를 강화한다고 지

적한다. 나아가 부정적인 동물 은유는 인간이 동물에 공감할 가치가 전혀 없다는 것을 보여주는 것이라고 설명한다.

이 책은《물의 아이들》에서 톰과 관계되는 동물(두더지, 유인원, 고릴라, 개, 여우, 고양이, 당나귀, 양서류, 물고기, 수탉)을 앤드류 고틀리가 제시한 동물 은유의 표현과 대조시키면서 동물 은유를 새롭게 정립한다.

두더지

앤드류 고틀리가 제시한 인간은 **포유류이다**에 속하는 두더지는 '감시하는 내부자'라는 뜻이 있다. 즉, 조직을 감시하여 고발하는 스파이에 비유된다. 그러나《물의 아이들》에서 두더지는 '위안을 주는 친구'로 표현된다.

> 톰은 굴뚝에서 길을 잃었다. 그다지 신경 쓰지 않았다. 비록 어두컴컴했지만, 굴뚝에서 그는 땅속 집에 있는 두더지처럼 편안했다. (12)

위의 인용에서 두더지가 어린아이에게 친숙한 이미지로 그려지면서 톰과 두더지의 친근한 관계가 조성되고 있다.[7] 톰은 오히려 어두컴컴한 굴뚝에 있는 자신을 땅속에 사는 두더지에 비유하면서 굴뚝을 집과 같은 안락한 공간으로 생각하고 있다. 톰은 두더지와 자신을 동일시하면서 편안함과 위안을 얻는다. 한편 비좁은 굴뚝에서 안정감을 느끼는 톰을 통해 땅속 편안한 동물 세계보다 오히려 굴뚝 밖 사악한 어른들의 어두운 세계

---

7   케네스 그레이엄(Kenneth Grahame, 1859~1932)의《버드나무에 부는 바람》(The Wind in the Willows, 1908)에 등장하는 두더지 모율(Mole)은 인간이 살아가는 삶의 방식을 그대로 재현하며 독자에게 친숙한 이미지를 제공한다.《물의 아이들》에서도 두더지는 톰에게 친숙한 동물로 등장하고 있다.

가 조명되고 있다.

유인원

앤드류 고틀리가 제시한 인간은 원숭이다에 속하는 유인원은 '어리석고 어색한 사람'을 의미한다. 그러나 《물의 아이들》에서 등장하는 유인원은 '아직은 미성숙하지만 활발한 어린이'로 재정립한다.

> (a) 검은 유인원 한 마리가 너무나 예쁜 숙녀 방에서 무얼 하는 거지? (14)
>
> (b) "나한테 딱 좋아!" 비록 톰은 너무 피곤했지만 마치 쾌활한 네 발 가진 새끼 검은 유인원으로 태어난 것처럼 나무줄기, 바위 턱, 바위와 덤불 사이를 왔다 갔다 하며 아래로 내려갔다. (27)

위의 인용에서 톰은 하얀색으로 도배된 엘리의 방에서 두드러져 보이는 자신의 검은 피부를 인식하며 자신을 검은 유인원이라고 말한다. 유인원에 비유되는 톰은 자신이 도덕적으로 미성숙한 상태에 있음을 나타낸다. 그럼에도 유인원을 수식하는 '쾌활한'이라는 단어는 톰을 비하하기 위해 사용된 것이 아니라 오히려 어린이로서 톰의 밝고 명랑한 성격을 드러낸다. 톰은 피곤한데도 바위와 나무 덩굴을 자유롭게 오가는 생기발랄함을 보여주고 있다.

한편 이 소설에 나타난 유인원은 진화론과 관련해서 파악해볼 필요가 있다. 진화론에서는 인간이 침팬지와 원숭이로부터 진화했고, 원숭이와 인간이 공통 조상을 가졌을 것이라고 믿었다. 진화론적 믿음은 과학적으로 인간과 동물의 뚜렷한 경계를 지워버렸으며, 인간만이 우월한 종이라는 종교적 신념을 여지없이 무너뜨렸다. 이로 인해 찰스 킹즐리는 인간을 더욱 인간답게 진화하는 요소로 도덕적 성숙이 필요하다고 생각했다. 따라서 미성숙한 어린이로서의 톰이 앞으로 어른이 되어 도덕적 성숙에 이르게 될 것임을 예견하고 있다.

고릴라

앤드류 고틀리가 제시한 인간은 원숭이다에 속하는 고릴라는 '거칠고 폭력적인 사람'을 뜻한다. 그러나 《물의 아이들》에서 고릴라는 의지하고 싶은 사람으로 '신뢰할 만하고 돌보아주는 사람'을 뜻한다.

> 그리고 불쌍한 톰은 맨발로 정원을 힘겹게 올라갔다. 마치 검은 고릴라가 숲으로 도망가는 것처럼. 하지만 톰에게는 그의 편이 되어 줄 아빠 고릴라가 없었다. (17)

위의 인용에서 톰은 고릴라에 비유되면서 아빠 고릴라가 없는 그의 '가여운' 상태가 언급되고 있다. 더욱이 톰의 '맨발'은 부모 없이 혼자 감당해야 하는 외롭고 열악한 환경을 암시한다. 이러한 상황에서 아빠 고릴라는 커다란 덩치로 톰을 위험으로부터 지켜줄 수 있는 듬직한 보호자가 된다.

개

앤드류 고틀리가 제시한 인간은 개이다의 은유에서 개는 '불쾌하고 믿을 수 없는 사람'으로 표현된다. 또한 '여물통 속의 개'는 '심보가 고약한 사람'의 뜻으로 사용되면서 개에 대한 부정적 이미지를 주고 있다. 그러나 《물의 아이들》에서 개는 '강한 결단력을 가진 사람'을 뜻하는 긍정적인 표현이다.

- (a) 그러나 톰은 용감하고 단호하고 패배를 알지 못하는 어린 영국 불도그였다. (76)
- (b) 송아지만큼 큰 개, 자갈길 같은 색깔, 마호가니색의 귀와 코, 교회종 같이 생긴 목구멍 (35)
- (c) 그리고 그 현명한 개는 그들을 사냥터로, 고원으로, 한 걸음씩 천천히 데려갔다. (35)

(a)에서 톰에 비유되는 '불도그'는 영국인의 강인한 의지를 상징하는 표현으로, 영국 소년으로서 톰의 굳건한 결의가 긍정적 측면에서 강조되고 있음을 알 수 있다. 특히 (b)에서 주목할 점은 개의 독특한 생김새가 표현되면서 동물 그 자체의 외양적 특징이 묘사되고 있다는 것이다. 가브리엘라 콤파스처와 라인하르트 호이베르거(Gabriela Kompatscher & Reinhard Heuberger)는 2021년에 발표한 논문 〈윤리적 문학 동물 연구와 생태언어학〉(Ethical literary animal studies and ecolinguistics)에서 개의 사전적 개념이 애완동물로서 혹은 경비의 역할로서 인간에게 유용한 특성만을 기준으로 정의되고 있음을 비판하며, 개의 고유한 형질로서 다시 정의되어야 한다고 설명한다. 이런 관점에서 살펴보면, (b)에서 개는 전체적인 외양 묘사와 더불어 귀와 코, 목구멍까지 세밀하게 묘사되고 있다. 또한 (c)에서 보듯이, '현명한'의 수식어가 개에게 긍정적 가치를 부여하면서 인간에게 길을 신중하게 안내하는 주체적 역할을 하고 있음을 알 수 있다.

여우

앤드류 고틀리가 제시한 인간은 개이다에 속하는 여우는 '영리하고 교활하며 비밀스러운 사람'의 뜻으로 비유되고 있다. 그러나《물의 아이들》에서 여우는 '연약하고 돌봄과 지지가 필요한 어린이'로 재정립된다.

> 톰이 빈 주머니에 최소한 천 파운드 값어치의 보석이 들어 있을 거라고 생각하면서 모두 달려 나와 "도둑 잡아라" 하고 소리 질렀다. 까치와 어치도 날카롭게 비명을 지르며 톰을 쫓아갔다. 마치 톰이 꼬리를 내리고 쫓기는 여우라도 되듯이. (17)

위의 인용에서 톰은 마치 여우가 사냥꾼에 쫓기는 것처럼 억울하게 도둑 누명을 쓰고 도망가고 있다. 따라서 교활하고 영리한 사람을 나타내는 기존의 여우 표현은 이에 적용되지 않는다. 오히려 무작정 쫓기는 상황에서 가엾고 힘없는 톰의 처지가 드러나고 있다. 특히 '꼬리를 내린' 여우는 외부의 힘에 저항할 수 없는 무력한 상태에 있는 톰에 대한 연민을 불러일으킨다. 사냥꾼에 쫓기는 여우는 인간중심적 입장에서 단지 모피 재료로 사용되는 동물로 여겨질 수 있지만, 여우 자체로는 긴 꼬리를 가진 가늘고 유연한 체형과 다양하고 우아한 색상의 털을 가진 존재로 표현될 수 있다.

고양이

앤드류 고틀리가 제시한 인간은 고양이다에서 고양이는 '심술궂거나 험담하는 여자'라는 뜻으로, 흔히 도둑이나 탐욕스러운 사람들을 뜻하는 부정적 은유로 사용된다. 그러나《물의 아이들》에서는 고양이는 '민첩하고 재빠른 사람'처럼 긍정적인 의미를 내포한다.

> 톰은 아는 것도 없었고 신경도 쓰지 않았다. 그는 고양이처럼 나무 아래에서 내려와 정원 잔디밭을 가로질러 쇠 난간으로 훌쩍 뛰었다. 늙은 유모는 창가 옆 난로에서 살인자라고 소리를 지르고 있었다. (16)

위의 인용에서 고양이에 비유되는 톰의 행동은 정원을 쉽게 가로질러 쇠 난간을 가볍게 넘는 고양이의 민첩한 동작을 연상시킨다. 반면, 살인자라고 소리치는 늙은 유모는 자연스럽게 고양이의 이미지를 떠올리게 만든다. 늙은 유모를 바로 고양이와 동일시하는 우리의 사고는 여전히 고양이에 대한 부정적 편견이 우리의 의식에 고착화되어 있음을 보여준다.

당나귀

앤드류 고틀리가 제시한 **인간은 말이다**의 은유에 속하는 당나귀는 '어리석고 멍청한 사람'을 비유한다. 그러나 《물의 아이들》에서 당나귀는 '근면하고 인내심 많은 사람'처럼 긍정적인 의미를 내포한다.

> 굴뚝 청소하는 것, 배고픈 것, 매를 맞는 것들은 비와 눈 그리고 천둥과 같이 세상을 살면서 겪어야 하는 당연한 것들로 받아들였고, 남자답게 모든 것이 끝날 때까지 꿋꿋이 서 있었다. 마치 늙은 당나귀가 폭풍우를 맞은 후 귀를 흔들고 평소처럼 쾌활하게 행동하듯이. (2)

위의 인용에서 보이는 당나귀의 어리석음은 오히려 긍정적 가치를 내포한다. 당나귀가 폭풍우를 맞으면서도 귀를 한번 흔들고 다시 평소대로 돌아오듯이, 톰은 그 어떤 배고픔과 굶주림에도 불구하고 주어진 일을 묵묵히 해내면서도 즐겁고 쾌활함을 유지한다. 이런 면에서 당나귀는 톰의 근면과 성실함, 강한 인내심을 돋보이게 해주는 긍정적 은유로 사용되고 있다.

양서류

앤드류 고틀리가 제시한 **인간은 파충류/양서류이다**에 속하는 파충류는 '불쾌한 사람'의 의미로 사용된다. 게다가 파충류(양서류)에 속하는 뱀, 도마뱀, 독사, 두꺼비, 악어의 외양은 혐오스러운 이미지를 불러일으킨다. 그러나 《물의 아이들》에서 양서류는 '물과 육지의 경계를 오가는 능력을 지닌 사람'으로 표현된다.

> 그게 어쨌든 간에 톰은 이제 양서류가 되었다. 더 좋은 일은 톰이 깨끗해졌다는 것이다. 평생 처음으로 그는 자기 몸에 아무것도 걸치지 않는 것이 얼마나 편안한지를 느꼈다. 톰은 단지 그것을 즐겼다. 그것을 의식하지도 않고 생각하지도 않았다. (46)

위의 인용에서 톰은 양서류로 변형됨으로써 육지 세계와 물의 세계를 자유롭게 오가는 능력을 지니게 된다. 톰은 물속에서 인간 세상에서 느껴보지 못했던 편안함을 느끼게 된다. 이로써 톰은 인간이 가지지 못한 능력으로 물속에서 재탄생하여 물의 세계에서 성장하고, 어른이 되어 육지 세계로 돌아오게 된다.

물고기

앤드류 고틀리가 제시한 인간은 물고기이다에서 '차가운 물고기'는 '쌀쌀하거나 냉정한 사람'을 의미한다. '이상한 물고기'가 '이상한 사람'을 나타내듯이, 물고기는 사람에 직접적으로 비유되고 있다. 그러나 《물의 아이들》에서 톰은 물고기가 되길 간절히 원하고 있다는 점에서 물고기가 '자유와 희망을 갈구하는 사람'의 비유로 사용된다.

> 조금도 놀란 기색 없이 톰은 개울둑으로 가서 풀밭에 누워 깨끗한 조약돌이 비치는 석회암 물을 들여다보았다. 작은 은빛 송어가 톰의 검은 얼굴을 보고 겁에 질려 뛰어다녔다. 손을 물에 담그자 너무너무 시원했다. "나는 물고기가 될 거야, 나는 물에서 수영할 거야, 나는 깨끗해져야 해, 나는 깨끗해져야 해." (30-31)

위의 인용에서 톰은 물속에서 자유자재로 헤엄치는 물고기처럼 자유롭게 움직이기를 간절히 열망한다. 게다가 물은 끊임없이 흐르며 그 모양과 흐름을 바꾸는 속성이 있다. 따라서 물의 공간은 톰의 신체를 구속하는 좁은 굴뚝과 달리 톰을 자유롭게 움직이게 만들고, 변화의 가능성을 제시하는 유동적 공간이다. 더욱이 톰이 "바다에 가서 바다를 보고, 그곳에서 헤엄치기를 갈망했다"라는 사실은 더 넓은 자연의 세계에 완전히 동화되어 스스로를 변화시키기를 원하는 톰의 소망을 표현한 것이다.

수탉

앤드류 고틀리가 제시한 인간은 닭이다에서 닭은 '겁쟁이'를 뜻하는 비유로 사용된다. 또한 '수탉 같은'의 단어는 '불쾌하고 무례할 정도로 자신만만한'의 뜻으로 사용된다. 그러나 《물의 아이들》에서 '싸움닭'에 비유되는 톰은 오히려 '활발하고 생동감 있는' 그의 긍정적 성격을 보여준다.

> 그러나 톰은 7시에 잠이 들었다. 그때 그의 주인은 술집에 가서 죽은 돼지처럼 잤다. 이 때문에 톰은 싸움닭처럼 팔팔했다. (항상 일찍 일어나 하녀들을 깨운다.) (4)

위의 인용에서 톰은 언제나 일찍 자고 일찍 일어나 항상 건강하고 활기찬 상태에 있다. 또한 싸움닭처럼 언제든지 어려운 상황에 맞설 준비가 되어 있다. 여기서 주목할 점은 그라임즈에 비유되는 동물로서 '죽은 돼지'가 등장하고 있다는 사실이다. 여기에서 생명력이 넘치는 톰과 죽은 듯이 잠을 자는 그라임즈가 뚜렷한 대비를 이룬다. 앤드류 고틀리가 제시한 표에 의하면 **인간은 돼지이다**에서 돼지는 '탐욕적이고 뚱뚱한 사람' 혹은 '불쾌하고 어려운 사람'을 가리킨다. 따라서 독자는 돼지에 대한 부정적 은유를 탐욕스럽고 술에 취한 상태로 살아가는 그라임즈에 무의식적으로 대응시키고 싶어 한다. 이는 우리의 사고 영역에서 여전히 돼지를 부정적인 시각으로 인식하고 있음을 보여준다. 찰스 킹즐리 역시 그라임즈를 돼지에 비유함으로써 돼지를 부정적으로 표현하는 한계를 보여준다.

지금까지의 내용은 다음과 같은 표로 제시할 수 있다. 이는 앤드류 고틀리의 데이터베이스를 근거로 《물의 아이들》에 나온 동물의 부정적 은유 표현(표에서는 '전통적 의미' 항목)과 이 책에서 새롭게 제시하고 있는 긍정적 은유 표현(표에서 '새로운 의미' 항목)을 비교 분석한 결과이다. 예를 들어, 표의 1행에서 '포유류'의 은유에 해당하는 두더지는 전통적으로 '감시하는 내부자'라는 부정적 의미로 알려졌지만 《물의 아이들》에서는

'위안을 주는 친구'로서 긍정적으로 표현되고 있다. 비록 아래의 표가 많은 예시를 보여주고 있지는 않지만, 《물의 아이들》에서 긍정적인 동물 은유의 표현은 인간과 동물의 관계를 긍정적으로 해석할 수 있는 하나의 대안을 명확히 제시한다.

No.	은유	개별 동물	전통적인 부정적 의미	새로운 긍정적 의미
1	인간은 포유류이다	두더지	감시하는 내부자	위안을 주는 친구
2	인간은 원숭이다	유인원	어리석고 어색한 사람	아직은 미성숙하지만 활발한 어린이
		고릴라	거칠고 폭력적인 사람	신뢰할 만하고 돌보아주는 사람
3	인간은 개이다	개	불쾌하고 믿을 수 없는 사람	강한 결단력을 가진 사람
		여우	영리하고 교활하며 비밀스러운 사람	연약하고 돌봄과 지지가 필요한 어린이
5	인간은 고양이다	고양이	심술궂거나 험담하는 여자	민첩하고 재빠른 사람
6	인간은 말이다	당나귀	어리석고 멍청한 사람	근면하고 인내심 많은 사람
7	인간은 파충류/양서류이다	양서류	불쾌한 사람	물과 육지의 경계를 오가는 능력을 지닌 사람
8	인간은 물고기이다	물고기	쌀쌀하거나 냉정한 사람	자유와 희망을 갈구하는 사람
9	인간은 닭이다	수탉	불쾌하고 무례할 정도로 자신만만한 사람	활발하고 생동감 있는 사람

동물 은유의 의미 재정립

위의 표에 제시된 것처럼, 동물을 긍정하는 은유 표현은 동물을 긍정적이고 가치 있는 존재로 묘사하면서 우리의 의식 속에 동물의 소중함을 환기하고, 동물을 보호하는 데 이바지하게 만들 수 있다. 다시 말하면, 동물에 대한 긍정적 은유 표현은 동물에 대한 부정적 사고를 전환함으로써 인간과 동물의 공존을 추구하는 생태학적 지향점을 향해 한걸음 더 나아가게 한다.

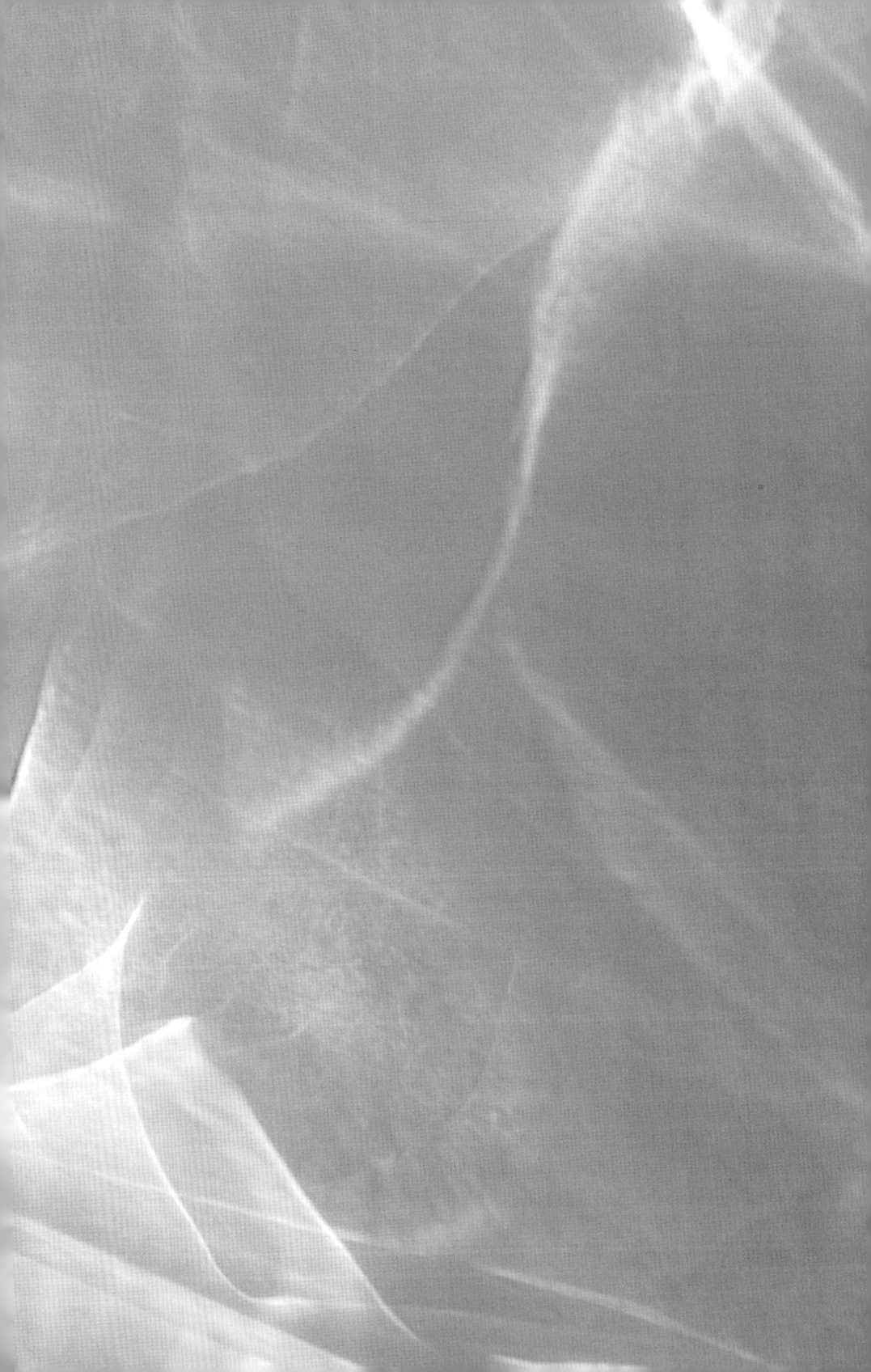

제6장
회복 담화와 종교적 은유

    회복 담화는 죄로 오염된 인물이 인간성을 회복하는 과정에 주안점을 둔다. 회복 담화는 오염된 자연이 깨끗해지는 것처럼 이기심과 탐욕에 물들어 있는 인간성이 정화되는 과정을 다룬다. 이러한 정화의 과정은 《물의 아이들》에서 물이라는 매개체를 통해 이루어진다. 이 소설에서 물은 다양한 상황에서 서로 다른 뜻을 내포하고 있지만,[1] 종교적 측면에서 물의 의미를 살펴보는 것은 물리적 환경의 개선을 넘어 인간 존재의 근원적 물음, 삶과 죽음, 그리고 인간성 회복의 문제 등과 관련하여 중요한 깨달음을 얻게 한다. 또한 인간성의 회복은 지배와 착취, 불평등을 조장하는

---

[1] 물은 인간의 삶에 필수적인 것으로 생명력을 뜻한다. 그러나 이와 동시에 빅토리아 시대 콜레라를 일으켰던 오염된 물은 질병과 죽음의 상징이다. 또한 물은 여성적 영역과 관련된다. 자궁 같은 모성적 공간인 물의 세계에서 톰은 물의 아이로 재탄생하게 된다. 게다가 물은 인생에서 반드시 거쳐야 하는 시련과 역경의 상징이기도 하다. 톰은 물속에서 험난한 여정을 완수한 후에 비로소 어른으로 성장하게 된다. 더욱이 종교적 측면에서도 치유와 정화의 상징으로 물은 중요한 의미를 내포하고 있다.

사고에서 벗어나 조화와 공존, 평등을 추구하는 생태 인식으로 나아가는 원천이 된다. 이에 이 장은 물의 세계가 그라임즈와 톰의 죄를 씻어내는 회개의 공간으로 기능하고 있음을 종교적 은유를 통해 살펴본다.

6.1 회개와 정화의 과정

존 로 타운젠드는 《물의 아이들》의 중심 주제는 구원이고, 이 작품에서 가장 상징적인 부분이 톰의 죄가 씻기는 부분이라고 지적한다. 이런 관점에서 톰의 몸에 묻은 더러움과 오염된 자연환경은 인간이 저지른 죄의 흔적을 나타내고, 더러움을 씻는 것은 죄를 씻어내는 회개의 과정이라고 볼 수 있다.

《물의 아이들》에 나오는 다음의 시는 구원을 향해 나아가는 회개의 과정과 더러운 물이 정화되는 방법을 은유적 사상을 통해 보여준다.

강하고 자유롭게, 강하고 자유롭게
수문이 열리네, 바다 저 멀리로.
자유롭고 강하게, 자유롭고 강하게
내 개울을 깨끗이 씻으며 서둘러 갈 때
황금빛 모래밭으로 도약하는 물결로
더러움 없는 조류가 저 멀리서 나를 기다리네.
무한한 바다에 나를 던질 때
죄지은 영혼이 다시 용서받듯이.
깨끗한 사람들을 위해 깨끗하게

엄마야, 아가야, 나랑 놀자, 내 안에서 몸을 씻어. (23-4)

다음은 이 시에 표현된 정화의 과정을 은유로 도식화한 것이다.

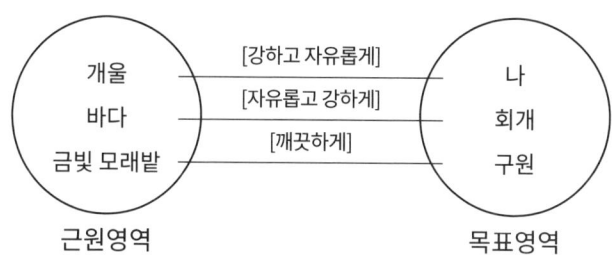

정화의 개념적 은유

이 시는 톰이 물의 세계에서 경험하는 일련의 과정을 구원의 여정으로 은유화하므로 물속 여행은 구원을 향한 여정이다라는 개념적 은유를 품고 있다. 위 그림에서 근원영역의 요소는 [개울], [바다], [금빛 모래밭]이다. 이 요소들은 [강하고 자유롭게], [자유롭고 강하게], 그리고 [깨끗하게]와 같은 서술어를 통해 목표영역으로 사상된다. 개울에서 바다로 나아가는 것은 [나]가 죄를 씻으러 가는 [회개] 과정이고, 바다에서 금빛 모래밭으로 가는 것은 회개를 거쳐 [구원]을 향하는 여정을 상징한다.

여기에서 주목할 점은 개울이 바다로 향하고, 바다에서 금빛 모래밭으로 가는 과정에 [강하고 자유롭게], [자유롭고 강하게]의 서술어가 반복적으로 사용되면서 인간의 의지를 부각하고 있다는 사실이다. 그 의지는 자유의지에서 비롯되며 강한 결심을 수반한다. 즉, 개울물에 안주하지 않고, 넓은 바다로 나가려는 결심이 있어야 인간은 죄를 씻어내고 천국으로 나아갈 수 있다는 점이 강조된다. 금빛 모래밭에 비유되는 천국에서 비로소 나의 영혼은 '죄지은 영혼'에서 '죄 없는 깨끗한 상태'로 구원받는다. 다음은 이 시에 표현된 정화 과정에 대한 인지모형이다.

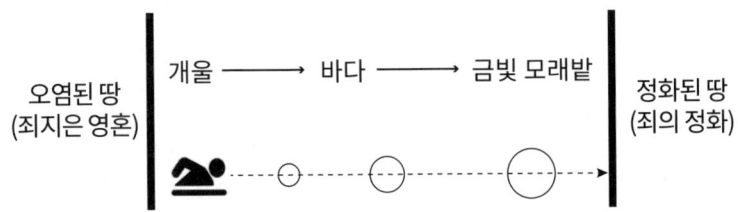

정화의 인지모형

오염된 땅에서 흘러나온 오물이 개울을 따라 바다의 깊은 곳으로 스며들듯이, 죄악도 인간의 내면을 깊숙이 물들인다. 따라서 위 그림은 인간이 죄를 씻기 위해 개울에서 시작해 훨씬 더 깊고 넓은 바다로 나아가야 한다는 점을 보여준다. 그리고 그 과정에서 인간의 결의가 더욱 강하게 요구되고 있음을 알 수 있다.

이 책에서는 《물의 아이들》에 나타난 죄와 정화의 의미를 종교적 은유를 통해 더욱 확장한다. 이를 위해 이 소설을 단테의 《신곡》과 비교하면서 톰의 물속 여정의 의미를 파악한다.[2] 많은 빅토리아 시대의 판타지 소설이 단테의 작품을 이상으로 삼고 있으며, 더 나은 것을 추구하는 갈망

---

2 톰의 여정은 존 번연(John Bunyan, 1628~1688)의 《천로역정》(The Pilgrim's Progress, 1678)에서처럼 죄를 지은 인간이 신의 구원을 향해 나아가는 순례의 과정과 비슷하지만 환상 세계를 여행한다는 점에서 단테의 여정과 더욱 유사하다고 볼 수 있다. 단테의 《신곡》은 단테가 사후 세계를 방문하는 일종의 환상 여행으로, 그리스도교의 교리에 따른 죄와 구원의 의미를 깊이 조명하고 있다.

이나 마법의 도시, 환상적 꿈의 세계가 《신곡》에 나타난 천국을 비유하고 있다. 단테의 사후 세계의 여정이 궁극적으로는 구원에 대한 깊은 열망임을 고려할 때 《신곡》의 기독교적 사유는 교회의 성직자였던 찰스 킹즐리에게 이어지고, 킹즐리도 자신만의 방식으로 《물의 아이들》에서 톰의 여정을 통해 인간의 도덕적 성장과 종교적 구원의 메시지를 그려냈다고 볼 수 있다.

《신곡》과 《물의 아이들》은 모두 현실 세계에서 환상 세계로 들어가는 유사한 구조로 되어 있으며,[3] 천국과 구원에 대한 기독교적 가치관을 담고 있다. 더욱이 두 작품 모두 신이 아닌 인간의 의지에 중점을 두고 있다는 공통점이 있다. 《신곡》은 당시 신 중심이었던 중세기를 배경으로 하고 있음에도 불구하고 인간의 보편적 진리와 인간의 자유의지를 노래하고 있고, 《물의 아이들》에서 톰의 구원도 결국 신의 도움이 아닌 스스로의 주체적 의지로 역경을 헤쳐나가는 과정에서 얻게 된다는 점이 강조된다.

《물의 아이들》에서 톰이 환생한 물속 환상 세계는 《신곡》에서 단테가 경험하게 되는 사후 세계와 유사하다. 단테가 길을 잃어 '어두운 숲'을 헤매다 사후 세계로의 험난한 여행을 시작하듯이, 톰은 죽음의 장치를 통해 '어두운 숲'에서 벗어나 육지와 전혀 다른 세계인 물의 세계로 들어간다.

---

3 단테는 '환상의 힘으로 우리는 지성이 보는 것을 표현하고,' 환상을 통해 이성으로 보는 것보다 더욱 선명하게 미래를 예견할 수 있다고 말한다.

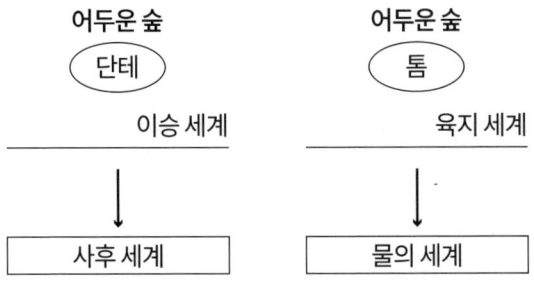

환상 세계로의 진입

　단테가 방황하는 어두운 숲은 음란하고 탐욕이 들끓는 타락한 인간 세계를 의미하고, 톰이 사는 육지 세계도 인간의 폭력과 부패로 더러워진 세계이다. 그런데《물의 아이들》의 물의 세계와 단테의 사후 세계 사이의 차이점은 물의 세계가《신곡》에서 천국을 제외한 지옥과 연옥의 세계를 반영한다는 것이다. 이는《물의 아이들》이 천국의 구원을 얻기 위한 '과정으로서의 물속 여정'에 더욱 중점을 두고 있음을 의미한다. 또한《신곡》에서는 지옥은 지하에, 연옥은 지상에 존재하면서 두 곳이 공간적으로 정확히 구분된다. 그러나《물의 아이들》에서 물의 세계는 지옥과 연옥의 세계가 공존하는 공간으로 나타난다. 이곳은 그라임즈에게는 지옥에서 연옥으로 가는 통로가 되며, 톰에게 물의 세계는 연옥에서 천국으로 향하는 경로가 되어 준다. 특히 지옥의 세계는 그라임즈가 죄인으로서 형벌을 받는 모습을 통해 드러나고, 연옥의 세계는 톰이 회개하고 구원을 향해 나가는 과정에서 조명된다. 그리고 각각의 길목에서 그라임즈는 어머니의 눈물로 회개에 이르고, 톰은 그라임즈를 만나러 가는 힘든 여정을 통해 구원에 다다르게 됨을 보여준다. 이를 그림으로 나타내면 다음과 같다.

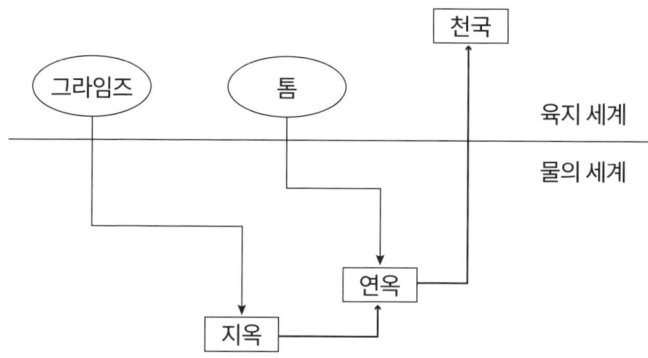

지옥과 연옥이 공존하는 물의 세계

이를 바탕으로 다음에서는 《물의 아이들》에서 그라임즈가 받는 죄의 형벌 과정을 《신곡》의 지옥 세계의 모습과 비교하여 살펴볼 것이다.

6.2 지옥의 물의 세계

일반적으로 지옥은 하강의 개념을 내포하며, 우리의 인식 속에서는 올라가는 곳이 아니라 내려가는 곳이다. 레이코프와 존슨은 위-아래, 안-밖, 앞-뒤와 같이 공간적 방향과 관계있는 은유를 지향적 은유(orientational metaphor)라고 부른다. 지향적 은유의 대표적인 예로는 의식은 위이다; 무의식은 아래이다, 건강과 삶은 위이다; 질병과 죽음은 아래이다, 덕은 위이다; 타락은 아래이다 등이 있다. 따라서 지옥은 무의식, 죽음, 타락 등과 관련하여 아래로 떨어지는 개념과 관련되어 인식된다.

《신곡》에서 지옥은 지하로 하강하면서 점점 좁아지는 '뒤집힌 원뿔형'의 형태를 취하며 죄인들의 몸을 옥죄는 공간이다. 이곳은 《물의 아이들》에서 그라임즈를 '꼼짝달싹 못 하게 가둬버린 굴뚝'을 상징한다고 볼 수 있다. 그가 갇혀 있는 굴뚝은 손을 움직이기만 해도 그를 더 꽉 조이며 고통을 가한다. 지상 세계에서 온갖 죄를 저질러 물속 깊은 곳으로 들어간 그라임즈는 죄인으로서 굴뚝에 감금되어 세찬 우박을 맞는 벌을 받게 되는데, 이는 다음과 같은 개념적 은유로 표현할 수 있다.

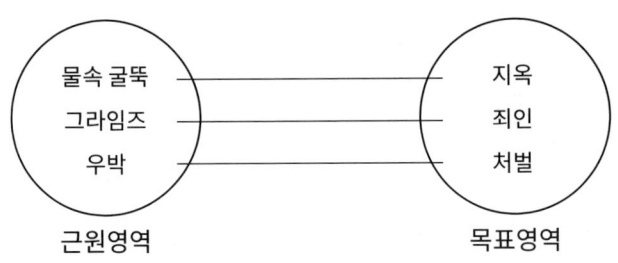

지옥의 물의 세계

위 그림에서 **물속 굴뚝은 지옥의 영역이다**라는 새로운 은유가 형성될 수 있다.[4] 근원영역에 속하는 [물속 굴뚝], [그라임즈], [우박]은 각각 목표영역의 [지옥], [죄인], [처벌]에 사상된다. 지옥에서 죄인이 처벌받듯이, 물속 굴뚝에서 그라임즈는 우박을 맞으며 죄에 대한 형벌을 받고 있다. 지상 세계의 굴뚝은 그라임즈가 톰에게 혹독한 고난과 시련을 안겨주는 학대의 장소이다. 이와 대조적으로, 물속의 굴뚝은 그라임즈가 자신의 죄에 대해 대가를 치르는 고통스러운 공간이다.

《신곡》의 지옥 세계는 물을 상징하는 계곡과 강으로 표현된다는 점에

---

4 레이코프와 존슨에 의하면 새로운 은유는 관습적 은유와는 달리 상상적이고 창의적이다. 또한 새로운 은유가 우리의 경험을 새롭게 이해하도록 한다. 즉, 우리가 하는 일상적인 활동과 우리가 알고 믿는 것에 새로운 의미를 부여할 수 있다.

서 《물의 아이들》의 물의 세계와 더욱 관련된다. 단테가 도착한 지옥의 고리는 지하 계곡의 바닥에 있다.[5] 이곳을 흐르는 '핏빛 강'은 '아케론의 우울한 강가'[6]를 상징한다. 그곳에서는 펄펄 끓는 물로 폭력을 행사한 죄인들을 심판하고 있다. 강물에 빠져 영원히 허우적거리며 벌을 받는 죄인들의 울부짖음은 그야말로 아비규환이다.

> 계곡의 바닥을 눈여겨봐라.
> 지금 우리는 핏빛 강에 다가가고 있다.
> 폭력으로 남을 해친 자들을 부글부글 끓이고 있다.
> 눈먼 탐욕, 미친 분노가
> 계속 우리의 삶에 쫓아와
> 이 뜨거운 곳에 빠뜨려 영원히 고통 속에 허우적거리게 만든다! (Canto 12: 46-51)

《신곡》의 지옥에서 처참한 벌을 받는 사람들은 '살인자, 폭력배, 도둑들과 강도들', '위선자, 주술사, 사기꾼, 도둑, 부정직한 사제들'이다. 《물의 아이들》에서 그라임즈는 '불쌍한 굴뚝청소부 아이들을 때리고, 그들의 머리를 박살 내고, 그들의 손가락을 망치로 두들겨 패는' 악행을 서슴지 않았다. 다시 말해, 그라임즈는 지상 세계에서 아이들에게 폭력을 자

---

[5] 단테는 지옥이 아홉 개의 구역으로 나누어져 있으며, 각 구역의 횡단면을 고리라고 불렀다. 지옥의 고리에서 탐욕과 탐식의 죄, 이교도의 죄, 폭력의 죄, 낭비의 죄, 살인, 자살, 신성모독, 사기와 기만, 반역의 죄를 범한 사람들이 지옥의 각각의 영역에서 죄에 상응하는 형벌을 받는다.

[6] 아케론(Acheron)강은 슬픔과 비통을 상징하는 강으로, 이 강의 뱃사공 카론(Charon)은 죽은 자들을 지옥으로 데려간다.

행했던 죄인으로, 폭력의 죄로 인해 지옥으로 형상화된 물속 굴뚝에 빠지게 된다.

더욱이 《물의 아이들》에서 굴뚝 주변에 널브러져 '불타고 있는 석탄'은 지옥의 불구덩이를 연상시킨다. 즉, 굴뚝은 죄를 지어 죽은 자들의 영혼을 수용하는 하데스(Hades)이다. 그리고 물의 세계는 심판의 공간으로 《신곡》의 형벌 양상인 콘트라파소(contrapasso)[7]의 원칙이 그대로 적용된다. 단테가 상상한 내세는 현실을 재구성한 것으로 그가 살았던 시대의 정치적·사회적 사건과 실제 인물들이 생생히 표현된다.[8] 한때 정치가로서 단테는 정치적 세력 다툼에 휘말려 추방당해 기약 없는 망명 생활을 하게 된다. 때문에 그는 자신을 모략하고 음해한 정치가들을 지옥에 등장시켜 그곳에서 벌을 받는 모습으로 재현시킨다. 이와 같은 방식으로 《물의 아이들》에서도 지상에서 폭력을 자행한 인물들은 물속의 지옥에서 그에 상응하는 죄에 대한 형벌을 받는다. 이 소설에서 물속 요정들은 "아이들에게 나쁜 짓을 한 사람들을 불러들여, 그들이 아이들에게 했던 방식대로 그들에게 갚아준다." 그라임즈는 톰을 굴뚝청소부로 부리며 온갖 괴롭힘과 학대를 일삼았다. 그러나 역설적이게도 그는 '사람은 말할 것도 없거니와 짐승조차도 살 수 없는' 물속의 굴뚝에서 형벌을 받고 있다. '검댕을 잔뜩 묻히고, 먼지로 뒤덮여 추한' 모습으로 좁은 굴뚝에 갇혀서 고통받고 있는 그라임즈의 모습은 물속 지옥의 세계가 지상 세계의 죄와 긴밀하게 연관된다는 점을 보여준다.

---

7   콘트라파소는 '정반대의' 의미인 라틴어 콘트라(contra)와 '고통을 당한다'의 의미인 파티오르(patior)의 합성어이다. 즉, 지상에서 자신이 저지른 악한 행동을 지옥에서 그대로 자신이 당한다는 뜻이다.

8   《신곡》이 보여주는 사후 세계에 대한 모든 것은 현세의 생활을 재현한 모습으로, '세속을 재현한 인간 드라마'라고 할 수 있다.

《물의 아이들》에서 아래와 같이 어린아이들을 무자비하게 희생시킨 어른들은 《신곡》의 지옥에서 처벌받는 살인자들의 유형에 해당한다. 이는 어른들의 폭력적 행위가 지옥에서 심판받을 만한 중대한 죄악으로 여겨지고 있음을 의미한다.

> 톰 말고도 셀 수도 없을 만큼 많은 물의 아이들이 있었다. 잔인한 부모들이 버려서 착한 요정들이 데리고 온 아이들, 교육받지 못해서 이교도로 자란 아이들, 천시, 멸시 혹은 무시 받아 슬픔에 젖은 아이들, 만날 누워 있기만 하거나 어렸을 때 어른들이 준 술을 마시거나 주전자에 있는 뜨거운 물을 마셨던 아이들, 불길로 떨어진 아이들, 좁은 길거리와 법정, 그리고 다 쓰러져 가는 오두막에서 열병과 콜레라와 홍역과 성홍열에 걸리거나 상식 있는 사람들이라면 할 수도 없는 고약한 비난 속에서 죽은 아이들, 잔인한 주인과 사악한 군인들에게 죽임당한 아이들. (109)

위의 인용에서 열병, 콜레라, 홍역 등과 같이 전염병이 도는 비위생적인 환경에 버려지고, 사악한 권력의 횡포로 죽은 아이들의 비참한 상황이 여실히 드러나고 있다. 아이들은 더러운 환경 때문에 질병에 걸려 죽거나 어른들의 폭력으로 인해 길거리에서 부랑자가 되거나 법정에서 혹독한 재판을 받아 희생되었다. 이처럼 고통 속에 죽어간 아이들의 모습은 어른들이 지옥에서 겪게 될 고통스러운 형벌의 예고로 해석될 수 있다.

《신곡》에서 단테는 지옥의 세 번째 고리에서 '불꽃 비가 내리치는' 가혹한 형벌을 목격한다.

> 나는 지옥의 세 번째 고리에 있다. 비가 내린다.

끝없이 차갑고 혹독하고 무거운

비의 속도와 비의 구성물은 변하지 않는다.

눈과 거대한 우박, 검고, 오염된 구정물이

어두운 하늘에서 퍼붓는다.

물이 스며든 대지는 역겨운 냄새를 풍긴다. (Canto 6: 7-12)

지옥에서 끊임없이 내리는 비는 차갑고 혹독하게 죄인들을 가격한다. 그 비는 눈이 되기도 하고, 거대한 우박으로 변하면서 죄인들을 처벌한다. 죄의 온갖 더러움을 품은 비는 구정물처럼 역겹다. 악취를 풍기며 쏟아지는 비는 지옥 세계를 더욱 더럽고 추잡한 공간으로 만든다. 이와 마찬가지로, 《물의 아이들》에서 그라임즈는 움직일 수 없는 비좁은 굴뚝에서 세찬 우박을 맞는 형벌을 받고 있다. 밤마다 내리는 우박은 마치 총알처럼 그라임즈를 후려친다.

"무슨 우박이요?"
"여긴 왜 우박이 밤마다 떨어지는지 몰라. 나에게 가까이 올 때까지는 따뜻한 비였다가 내 머리 위에서 갑자기 우박으로 바뀌면서 마치 총알처럼 나를 후려쳐." (182)

그라임즈는 여전히 자신의 죄를 뉘우치지 않고, 자신을 찾아온 톰을 향해 자신의 고통을 조롱하기 위해 온 '나쁜 녀석'이라고 욕설을 퍼붓는다. 그러나 톰은 이러한 '끔찍한 공간'에서 처벌을 받는 그라임즈의 고통을 외면하지 못한다. 처음에 톰은 "왜 나쁜 주인을 여기에 데려와서 벌을 주지 않느냐?"고 따져 물으며 물속 요정에게 그라임즈를 처벌해달라고 요구한다. 그러나 그라임즈를 대면한 후 톰은 그의 아픔을 공감하게 되면서 요정에게 그를 도와달라고 부탁한다.

> "오, 요정님," 그가 말했다, "제 일은 생각하지 마세요. 그건 모두 지나간 일이에요. 좋았던 시간이나 나빴던 시간이나 모든 시간은 지나가는 거잖아요. 그런데 제가 저 불쌍한 그라임즈 씨를 도와드릴 수 없을까요? 이 벽돌 몇 개를 치워서 그가 팔을 움직일 수 있게 해도 될까요?" (182)

반성할 기미를 전혀 보이지 않던 그라임즈는 지상에서 그렇게 잔인하게 학대를 당했던 톰이 진심으로 자신을 도우려 한다는 사실을 깨닫고는 점차 마음의 변화를 겪기 시작한다. 그라임즈는 이제 톰의 진심을 느끼며 "너는 착하고 너그러운 마음을 가진 녀석이야, 정말 진심이다"라고 말하며 회환에 잠긴다.

그러나 무엇보다도 그라임즈의 얼어붙은 마음을 녹인 것은 어머니의 눈물이었다. 그라임즈는 영원히 존재할 것만 같았던 어머니가 죽었다는 소식을 듣고 비통에 잠긴다. 그제야 그라임즈는 비로소 어머니에게 저지른 죄와 그를 위해 밤낮으로 기도하며 흘렸던 어머니의 눈물의 의미를 깨닫고는 "마치 덩치 큰 아기가 우는 것처럼 흐느끼며 엉엉 울며" 잘못을 뉘우친다. 그라임즈는 "모든 게 내 잘못이야"라고 말하며 절규한다.

자식을 위한 어머니의 간절한 기도는 그라임즈를 회개하도록 만드는 데 결정적 요소가 된다. 즉, 어머니가 기도하며 흘렸던 눈물은 그라임즈의 회개의 눈물로 이어진 것이다. 그라임즈의 참회의 눈물은 종교적인 시각에서 '육체적 허물'을 벗는 행위이자 더러움으로 오염된 죄를 깨끗하게 정화해주는 '기독교적 세례의 상징'이다. 이 눈물은 아무도 지울 수 없었던 "그의 얼굴과 더러운 옷에 묻은 검댕을 씻겨준다."

6.3 연옥의 물의 세계

《신곡》에서 단테가 지옥을 방문하여 지옥의 끔찍한 광경을 목격했듯이, 《물의 아이들》에서 톰은 물속 깊은 굴뚝의 공간에서 그라임즈가 가혹한 벌을 받는 모습을 보면서 죄와 벌에 대해 뼈저리게 인식하게 된다. 지상 세계에서 톰은 종교적 무지의 상태에 있었다. 그는 십자가에 못 박힌 예수의 그림을 보고도 누구인지 알아보지 못하고, 단지 '불쌍한 사람'으로 여겼다. 인간 세상에서 "톰은 신에 대해 한 번도 들어보지 않았다." 그리고 죄의식 없이 그라임즈처럼 폭력적인 주인이 되기를 희망했다. 그러나 톰은 지옥으로 재현된 물의 세계에서 처벌의 과정을 목격함으로써 죄의 끔찍한 결과를 깨닫게 된다.

연옥은 지옥과 천국 사이에 있는 공간으로 인간이 저지르는 일곱 가지 죄인 교만, 질투, 분노, 나태, 낭비, 탐식, 육욕 때문에 가게 되는 곳이다.[9] 연옥도 죄를 지은 사람들이 가는 곳이라는 점에서 지옥과 같지만, 고통으로 인한 절규로 가득 찬 지옥과 달리 죄인들이 스스로 자신의 죄에 대한 대가를 감내하며 벌을 받는 장소이다. 다시 말해, 지옥의 고통은

---

[9] 연옥과 지옥의 죄악을 분류하는 방법을 보면, 지옥은 사악한 행위에 대해서 징벌을 받고, 연옥은 왜곡된 기질들이 정화된다. 지옥은 의지의 성향이 판단의 기준이 되어 사악한 의도로 죄를 지은 사람과 과도한 욕망 때문에 죄를 저지르는 사람으로 나뉘어 징벌의 경중이 결정된다. 연옥은 욕정, 탐식, 탐욕을 과도한 사랑으로, 나태를 너무 적은 사랑으로 분류하고, 오도된 사랑을 교만, 질투, 분노로 분류한다. 연옥에 나타난 죄악의 순서는 교만, 질투, 분노, 나태, 탐욕, 탐식, 방탕이다.

처벌과 응징으로 간주되지만 연옥에서의 고통은 죄의 정화와 변화를 목표로 한다.

>이번 정화에서 탐욕이 하는 일은
>땅으로의 변환으로 선언되었다.
>산은 그보다 더 혹독한 처벌을 알지 못한다. (Canto 19: 115-17)
>...
>우리의 손과 발은 주의 손에 단단히 묶여있다.
>정의로우신 주를 기쁘시게 할 수 있다면
>아주 오래 우리는 움직이지 않고 바닥에 엎드려 있을 것이다. (Canto 19: 124-26)

《신곡》의 연옥에서는 지상에서 세속적 욕망을 추구하며 탐욕에 눈멀었던 죄인들이 죄를 참회하고 있다. 이곳은 죄인들이 천국에 가기 위해 반드시 거쳐야 하는 관문으로, 단테는 연옥을 '인간 영혼이 정화되고, 천국으로 올라갈 가치가 있는 영혼으로 변화되는 두 번째 왕국'이라고 표현한다. 위에서 죄인들은 땅에 시선을 고정한 채 사지가 결박되는 끔찍한 벌을 받고 있다. 그들은 당장 눈앞에 보이는 물질적인 것을 추구하느라 하늘의 양심을 져버렸기 때문에 그들의 시선은 땅에 고정되어 있다. 지상에서 마구 뻗었던 그들의 탐욕의 손길과 발길은 더 이상 움직이지 못하게 땅에 박혀버렸다. 그러나 연옥은 죄를 회개함으로써 구원, 즉 천국으로 갈 수 있는 희망을 품을 수 있는 곳이다. 죄인들은 연옥에서 하느님의 정의를 바라면서 죄를 참회하고, 형벌의 고통을 견뎌내고 있다.

이처럼 《물의 아이들》에서 물의 세계는 구원에 대한 희망을 주는 연옥의 공간으로 해석될 수 있다. 물의 세계와 연옥의 유사성은 물이 가지는 다양한 특성을 통해서도 추론할 수 있다. 첫째, 물의 흐름은 인생의 여정을 상징한다. 개울에서 시작해 강을 거쳐 바다로 이어지는 물의 흐름은 인간의 생애 전체를 반영한다. 둘째, 물은 오염을 씻어내는 특성으로 인해 죄를 정화할 수 있는 수단이 된다. 셋째, 물은 그 형태와 특성이 물체의 모양이나 온도에 따라 달라지는데, 이는 환경에 따른 인간의 변화 가능성을 나타낸다. 넷째, 물은 생명의 근원이자 태초의 자궁과 같은 공간으로, 새로운 생명과 시작을 상징한다. 이런 관점에서 볼 때, 물의 세계는 톰이 아이에서 어른으로 성장하면서 죄를 씻고, 회개와 변화를 거치며 재탄생의 기회를 얻는 연옥과 같은 장소로 표현된다. 다음은 톰이 경험하는 물의 세계가 연옥을 상징하는 것을 은유를 통해 표현한 것이다.

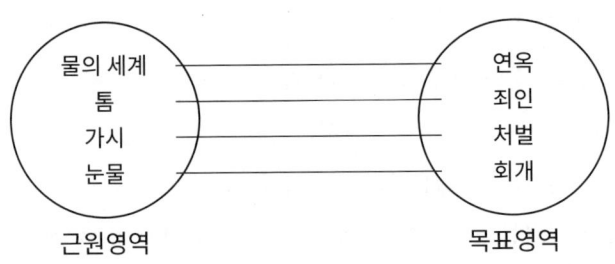

연옥의 물의 세계

위 그림에서 물의 세계는 연옥의 영역이다라는 새로운 은유가 창조된다. 근원영역에 있는 [물의 세계], [톰], [가시], [눈물]은 각각 목표영역의 [연옥], [죄인], [처벌], [회개]와 일대일 사상된다. 즉, 연옥에서 죄인이 처벌받고 회개하듯이, 물의 세계에서 죄를 저지른 톰이 자신의 몸에 가시가 돋는 처벌을 받고 눈물로 회개한다는 내용을 보여주고 있다. 이렇게 텍스트를 근거로 창조된 은유는 새로운 실재를 창조하는 힘을 갖고 있고, 우리의 지각과 행동도 변화시킬 수 있다. 따라서 독자는 물의 세계에서 일어나는 톰의 변화와 그것의 의미를 내면화하여, 이를 자신의 삶에 적용해 삶의 변화를 자발적으로 추구하게 될 수도 있다.

그런데 연옥에 있는 죄인들이 저지른 죄는 살인이나 폭력과 같은 끔찍한 범죄가 아니라 탐욕, 나태, 탐식과 같이 인간이라면 누구나 저지를 수 있는 일상적인 죄이다. 다시 말해, 사악한 범죄자의 악행이 아니라 인간의 본성으로 인해 흔히 범해지는 죄이다. 이는 인간이 죄의 유혹에 너무나 쉽게 빠질 수밖에 없는 나약한 존재라는 사실을 암시한다. 특히 편한 환경에 안주하며 아무것도 하지 않는 게으름과 물질적으로 자원을 낭비하는 행태, 그리고 가난한 자들의 고통을 외면하고 자신들의 배만 채우기 위해 탐식하는 행위는 인간과 자연의 삶을 파멸시키는 생태 위기를 초래한다. 《물의 아이들》에서 톰은 금지된 사탕을 우연히 몰래 훔쳐 먹는 탐식의 죄를 범하게 된다.

> 그리곤 톰은 한 번만 만져보고 싶어서 그렇게 했다. 그다음 하나만 맛만 봐야지 생각해서 그렇게 했다. 그다음 하나만 먹어보고 싶어서 그렇게 했다. 그러자 딱 두 개만 더 먹고 싶었다. 그 다음에는 세 개, 네 개. 그런 다음 요정이 나타나 자신을 붙잡을 것 같아서 겁에 질렸다. 그래서 사탕들을 맛도 느끼지 못하고 삼키기 시작했다. 먹는 즐거움도 없었다. 그 다음에는 아프기 시작했다. 그런데 하나만 더 먹고 싶었다. 그런 다음 딱 한 개만 더 먹고 싶었다. 그렇게 해서 결국 모든 사탕을 먹어버렸다. (121)

사탕은 인간을 유혹하는 세속적 욕망을 상징한다. 톰은 사탕을 본 후 한 번 만져보고 싶다는 욕구에서 출발하여 하나만 먹어보고 싶다는 생각이 들었고, 하나를 먹으니 두 개 그리고 세 개 더 먹고 싶은 억제할 수 없는 욕망에 휩싸인다. 톰은 잘못을 알면서도 욕심을 절제하지 못한다. 그는 겁에 질리고 두려워하면서 심지어 사탕을 먹는 기쁨도 느끼지 못한 채 자신을 병들게 하면서까지 끊임없이 사탕을 먹는다. 이는 스스로를 파괴하면서까지 그치지 않는 인간의 탐욕을 의미한다.

> 톰은 자신의 몸을 바라보았다. 온몸이 마치 성게처럼 가시투성이로 덮여 있었다.
>   이건 아주 당연한 일이었다. 여러분은 이걸 꼭 알아야 하고 믿어야 한다. 마치 달팽이가 달팽이 집을 만들 듯 사람들의 영혼이 육체를 만든다는 것을. (나는 농담하는 것이 아니라, 정말 진지하고 엄격하게 말하는 것이다.) 그러므로 톰의 영혼이 못된 성질 때문에 가시로 뒤덮여있다면 그의 몸도 역시 가시투성일 수밖에 없다. 그래서 아무도 그를 안아주거나 같이 놀거나 심지어 보려고도 하지 않았다. (124)

톰은 결국 탐식적인 행위로 인해 가시 돋은 흉측한 몸으로 변하는 처벌을 받게 된다. 사람의 육신은 그 사람의 영혼을 반영하는 것이므로 톰의 몸에 박힌 가시는 처벌받고 회개해야 할 그의 죄를 상징적으로 나타낸다.[10] 따라서 톰이 몸에 난 가시를 없애기 위해서는 우선 내면의 죄가 제거되어야 한다.

---

10   찰스 킹즐리는 인간의 도덕적 · 정신적 상태가 외모에 그대로 반영된다는 '정신적 진화 이론'을 제시했다.

톰은 탐욕적 행동의 고통스러운 결과를 체험하며 자신의 무절제한 행동을 뉘우친다. 그는 '갑자기 울음을 터뜨리며' 죄를 자백한다. 톰은 요정을 향해 가시 돋은 몸을 원래대로 회복시켜 달라고 간절히 부탁한다.

"그럼 당신은 이 흉측한 가시들을 없앨 수 있나요?"
"그건 아주 다른 문제란다. 가시는 너 스스로 만든 것이니 그것을 없앨
수 있는 것도 오직 너 자신뿐이란다." (124)

요정들은 톰의 곁에서 도움을 주는 조력자로 등장하여 그의 잘못을 용서해준다. 그렇지만 톰의 몸에 난 가시를 없애줄 수는 없다. 가시는 오직 스스로의 노력으로 없애야 하기 때문이다. 바로 이 지점에서, 《물의 아이들》에서 물의 세계는 인간의 의지를 강조하는 연옥의 가르침과 밀접히 연결된다. 다음과 같이 연옥의 세계는 세상의 모든 현상이 신의 의지가 아니라, 인간의 의지와 노력으로 결정된다는 것이 강조되고 있다.

너희 지상 사람들은 그들이 행하는 모든 것들이
마치 예정된 계획을 세우고 있는 듯
필연적으로 하늘에 속한다고 생각하겠지만

만일 그것이 사실이라면 우리의 자유의지는
소멸할 것이다: 그렇다면 선에 대한 기쁨과
악에 대한 고통의 심판도 없었을 것이다.

하늘은 우리들의 행동을 시작하게 하지만

모든 것은 아니다. 그러나 모든 것을 하게 한다고 하더라도
우리들은 옳고 그름을 구분할 수 있는 빛을 지니고 있다.

자유의지는 처음에는 하늘의 운명과 투쟁하면서
약하게 자랄지 모르겠지만 잘 키워내면
모든 장애물을 극복할 수 있다.

우리들은 자유 주체들이다. 만약 정신을 창조하는
위대한 힘, 고귀한 본성이 있다면, 이것을 넘어서서
하늘도 우리를 통제할 수 없다. (Canto 16: 67-81)

연옥에서 강조하는 것은 절대적 신의 힘이 아닌 자유의지를 가진 '자유 주체'로서의 인간의 위대한 힘이다. 위에서 단테는 인간의 자유의지를 '정신을 창조하는 위대한 힘이며 고귀한 본성'으로 정의한다. 그것은 선악을 구별하는 힘이며 정해진 운명에 맞설 수 있는 인간의 의지이다. 인간은 자신의 선택에 따라 선한 존재가 되기도 하고 악한 존재가 되기도 하면서 자신의 운명을 결정한다. 이러한 개념은 《물의 아이들》에서 톰이 죄를 참회하고, 스스로의 의지로 가시를 제거한다면 구원의 가능성이 열린다는 희망을 전해준다. 이처럼 《신곡》에서 강조하는 자유의지는 《물의 아이들》에 그대로 이어져 힘든 난관에서 스스로의 의지와 선택을 중요시하는 '자기 결정적 요소'로 나타나고 있다. 즉, 인간이 운명과 투쟁하는 과정에서 때로는 고난과 장애물을 만나게 되지만 자유의지로 악을 이겨내고 구원에 이를 수 있다는 점이 중요시된다.

《물의 아이들》에서 톰의 자유의지는 그에게 주어진 가장 힘든 여정을

완수하겠다는 결심에서 가장 강하게 발휘된다. 그것은 '좋아하지 않는 일을 해야 하고, 좋아하지 않는 사람을 도와주어야 하는 것'으로, 바로 그토록 자신을 괴롭혔던 그라임즈를 찾아서 '아무 데도 없는 곳의 맞은편 끝(Other-end-of-Nowhere)'에 가는 일이다. 《신곡》의 연옥의 입구에서 베르길리우스(Virgil)는 길을 안내하는 길잡이에서 벗어나 "여기서부터는 너의 기쁨이 너의 길잡이가 되도록 하라"고 말하며 단테에게 스스로 연옥의 길을 가라고 말한다. 이와 마찬가지로 《물의 아이들》에서 요정들은 "너는 반드시 혼자 가야 한다"고 언급하며 톰에게 스스로의 의지로 길을 찾아갈 것을 당부한다.

 톰이 선택한 여정은 자신의 구원을 넘어서 타인을 용서하고, 타인의 구원을 위해 자신을 희생하려는 의지가 있을 때 비로소 인간은 완벽한 구원의 경지에 도달할 수 있다는 기독교적 사유를 반영한다. 이는 성경에 나오는 "나는 너희에게 이르노니 너희 원수를 사랑하며 너희를 박해하는 자를 위하여 기도하라"는 구절의 의미와 상통한다. 이런 관점에서 그라임즈의 구원을 위해 "빛나는 벽으로 가서 하얀 문을 통과하는" 톰의 여정은 그라임즈의 회개를 끌어냄과 동시에 스스로의 구원을 향해 나아가는 과정이 된다.

 톰은 그라임즈에 대한 미움과 두려움을 버리지 못한 채 힘든 여정을 나섰지만 깊은 물속 굴뚝에 갇혀 가혹한 벌을 받는 그라임즈의 비참한 모습을 본 후 감정의 변화를 일으키게 된다. 기나긴 여정을 통해 톰은 그라임즈에 대한 원망과 분노의 감정이 사그라지면서 그라임즈의 고통을 공감하게 되는 성숙에 이르게 된 것이다. 그라임즈에게 강한 연민과 동정심을 느끼게 된 톰은 벽돌에 갇힌 그를 위해 벽돌을 빼주려고 애쓰고, 그의 얼굴에 묻은 검댕을 지워주려 노력한다. 이러한 모습은 톰의 감정이 정서적 공감에 그치지 않고 나아가 더 고차원적인 행위적 공감으로 발전했다는 사실을 나타낸다. 그라임즈를 위한 톰의 적극적인 행동은 타인을 위하는 진실한 마음에서 나온 연민 어린 행동으로, 더욱 '수준 높은 사회적 행동'으로 여겨진다. 이러한 선행으로 톰은 더욱 향상된 도덕적 경지에 올라서게 됐다고 볼 수 있다.

그라임즈를 돕기 위한 톰의 노력에도 불구하고 굴뚝 속 벽돌은 꿈쩍도 하지 않고, 그라임즈의 검댕은 아무리 닦아도 지워지지 않는다. 왜냐하면 그라임즈가 저지른 죄는 스스로 책임져야 하기 때문이다. 여기서 "모든 사람이 그들 스스로 해결책을 찾듯이", 그라임즈의 회개도 자발적으로 이루어져야 한다는 점이 강조되고 있다.

지옥 세계에서 그라임즈는 어머니의 죽음, 그리고 어머니의 눈물 젖은 기도의 의미를 깨달았다. 이에 요정은 그라임즈에게 "에트나 화산 분화구에서 청소하는" 임무를 부여함으로써 그를 굴뚝에서 꺼내준다. 《신곡》에서 '이 산(This Mount)'으로 형상화된 연옥이 《물의 아이들》에서는 에트나 화산 분화구로 표현되고 있다. 이를 통해 그라임즈가 지옥에서 벗어나 연옥의 단계에 진입했음을 추측할 수 있다. 그라임즈가 화산을 청소하는 모습은 연옥의 '산'에서 죄를 씻는 영혼들의 장면과 일치한다. 톰에게 굴뚝 청소를 시켰던 그라임즈가 화산재를 청소해야 한다는 사실은 과거의 잘못된 행동과 선택에 대한 책임을 강조하는 연옥 세계의 정의(justice)이다. 그러나 죄인들은 스스로 죄를 정화하는 과정에서 산을 오를 때마다 무거운 짐을 하나씩 벗어버리게 되면서 "위로 올라갈수록 오르기가 쉬워지고, 기분이 한결 가벼워진다." 이는 그라임즈도 회개의 과정을 통해 무거운 죄의 짐을 점점 벗어 던지면서 인간성을 회복시켜나가게 될 것을 암시한다.

정리하면, 《물의 아이들》은 《신곡》처럼 삶과 죽음의 경계를 넘어 기독교적 가치관에서 속죄와 구원의 과정을 다루고 있다고 볼 수 있다. 이 소설에서 물의 세계는 그라임즈의 죄를 처벌하는 지옥의 공간이기도 하지만 그라임즈와 톰의 속죄와 참회가 이루어지는 연옥의 공간이기도 하다. 이 소설에서 지옥에 빠진 그라임즈가 속죄의 기회를 얻는 것은 한번 들어가면 절대 나올 수 없는 《신곡》의 지옥 세계와 달리 변화의 가능성을 제시하는 것으로 볼 수 있다. 또한 그라임즈의 회개를 끌어낸 톰의 여정은 천국에 대한 가능성을 제시한다. 즉, 톰의 여정은 독자에게 구원의 가능성에 대한 희망을 주면서 그것을 이루어내기 위한 힘은 바로 인간의 자유의지에서 비롯된다는 점이 강조되고 있다. 이와 더불어 《물의 아이들》은 삶과 죽음을 단절된 공간으로 분리하지 않고, 현재 삶의 모습이 죽음 이후에 그대로 이어진다는 사실을 강조한다. 이 소설은 인간이 저지르는 폭력과 낭비, 모든 탐식적 행위가 생태 파괴적 죄의 양상임을 부각하고, 죄의 참회와 회개를 통한 인간성 회복의 가능성을 제안하고 있다.

에필로그
*

 이 책은 지금 우리가 맞닥뜨린 생태 위기의 현실과 학문적 역할에 대한 진지한 고민에서 출발했다. 생태 위기는 먼 미래의 이야기가 아니라 현재 우리의 삶에 직접적인 위협을 가하면서 생존의 문제로 다가오고 있다. 이러한 위기에 대응하기 위해서는 여러 학문 분야에서 생태학적 논의가 절실히 요구된다. 이에 이 책은 생태 인식의 향상을 목표로 문학 텍스트 《물의 아이들》을 연구의 대상으로 삼았다. 이 소설은 영국 빅토리아 시대의 환경 파괴와 사회 부패, 그리고 인간성의 오염을 깊이 있게 다루며 당시 사회가 직면한 생태 위기 현상을 잘 보여주고 있다. 게다가 이러한 빅토리아 사회의 문제가 현대 사회에서 그대로 재현되고 있다는 점에서 이 소설에 관한 연구는 오늘날 우리가 겪고 있는 생태 위기의 근본적 원인을 분석하고 해결 방안을 제시하는 데 중요한 역할을 할 수 있다.
 《물의 아이들》의 생태학적 분석은 텍스트 내의 인간중심적 사고에 기인한 자연과 인간 간의 불평등한 관계를 비판하고, 자연과 인간이 조화롭게 공존할 수 있는 관계 형성에 중점을 두었다. 또한 이러한 생태학적 주제가 언어학적 측면에서 어떻게 텍스트의 의미와 구조를 형성하는지를 밝히고자 했다. 이러한 접근 방식은 이론 중심의 문학 연구를 넘어 문학과 언어학의 통합적 연구 가능성을 제시한다.

이 책은 담화 분석을 이용하여 생태적 의미가 언어학적 관점에서 어떻게 표현되는지, 그리고 그러한 언어 표현이 우리의 인식에 어떤 영향을 미치는지를 종합적으로 분석했다. 이 소설의 담화를 '오염 담화', '혼돈 담화', '생태인식 담화', '회복 담화'라는 네 가지 유형으로 분류하고, 주인공이 오염된 환경과 사회적 혼돈을 겪은 후 생태 인식을 통해 인간성을 회복해 나가는 변화의 과정에 주목했다. 앞 장들에서 제시한 담화 분석의 결과를 요약하면 다음과 같다.

'오염 담화'에서는 빅토리아 시대의 자연 오염이 인간성과 사회의 오염을 상징한다는 것을 레이코프와 존슨의 개념적 은유를 통해 설명했다. 또한 자연의 위기가 바로 인간 삶의 위기를 반영한다는 사회생태학적 시각을 반영했다. 이에 따라 자연의 오염을 통해 사회에 만연한 부패, 도덕적 타락상 등을 비추어 보았다. '굴뚝과 인간성의 오염'에서는 굴뚝청소부 톰이 사회에서 범죄자로 낙인찍히는 의미구성 과정을 분석하기 위해 포코니에와 터너의 개념적 혼성 이론을 활용했다. 개념적 통합망에서 입력공간$_1$은 일반적으로 인식되는 어린이의 개념과 특징이 나타나는 공간으로 설정하고, 입력공간$_2$는 굴뚝청소부 톰의 개별적 존재와 그의 특성이 드러나는 공간으로 제시했다. 이후 각 입력공간의 요소가 투사되고 융합되는 혼성공간에서 굴뚝청소부 어린이 톰이 어린이가 경험하는 세계가 아닌 어른의 폭력적 세상에서 더러움으로 오염되어 굴뚝의 검은 숯검댕처럼 불결하게 여겨지고, 결국 사회에서 범죄자로 인식되어버린다는 의미를 발현시켰다. '수질오염과 사회적 불평등'에 관해서도 빈민층 톰이 사회에서 폐기물화 되어가는 의미구성 과정을 개념적 혼성 이론을 통해 분석했다. 입력공간 내에서 환경오염의 원인을 모든 인간이 아닌 빈민층에 한정함으로써 특별히 빈민층이 오염의 주범이라는 의미가 발현되었다. 이에 따라 굴뚝청소부인 톰은 단순히 더러움에 물든 존재로만 간주되는 것이 아니라 오염을 일으키는 쓰레기와 같은 부정적인 물질로 여겨져 사회적으로 폐기해야 할 대상이라는 새로운 의미가 발현되었다. 이처럼 개념적 혼성 이론을 통해 빈민층을 사회에서 범죄자나 폐기물로 취급해버리는 빅토리아 사회의 불평등한 계급 구조와 편견을 드러내 보였다.

  '혼돈 담화'에서는 오염된 사회의 숨겨진 실체를 인식한 뒤에 발생하는 혼돈의 양상을 문학 비평에서의 환상과 언어학적 측면의 아이러니 분석을 통해 살펴보았다. '환상 속의 혼돈'에 관해서는 톰이 혼돈을 경험하는 환상 공간이 로즈메리 잭슨의 점근축의 공간과 유사하다는 점을 밝혔다. 점근축의 공간이 빅토리아 시대 현실의 어두운 그림자를 보여주듯이, 이 소설의 물의 세계는 현실 사회의 왜곡된 단면을 비춰준다. 이는 마치 빛이 물속에서 굴절되듯이, 톰의 시선을 통해 비친 물의 세계가 현실에서 일어나는 현상들을 변형시켜 보여주는 원리와 같다. 소설 속 환상 공간은 기이하게 변형된 존재들이 등장하고, 현실 세계의 질서가 통하지 않는 무질서한 곳이다. 더욱이 인간의 이성으로는 파악할 수 없는 부조리한 상황이 일어나며 사고의 혼돈을 초래한다. 이렇게 환상 공간에서 겪는 톰의 기이한 경험은 독자에게 가치관의 혼란을 불러일으킨다. 이는 현실 세계와 환상 세계 사이의 경계를 흐리게 하여, 독자에게 현실 세계의 실재성에 대해 의문을 품게 만든다. 그러나 이러한 의문 제기가 독자에게 혼돈을 정리하고 현실을 새롭게 인식하는 기회를 제공한다는 점에서 이 절에서는 환상의 긍정적 역할을 강조했다. '혼돈과 아이러니'에 관해서는 환상 세계를 점근축의 공간으로 삼고, 톰의 시점을 점근축의 렌즈로 설정하여 아이러니가 일어나는 과정을 개념적 혼성 이론으로 설명했다. 우선, 입력공간을 각각 '현실 세계'와 '환상 세계'로 대립적으로 구축하여 아이러니의 구성요건을 충족시켰다. 이후 혼성공간에 현실 세계를 투사하고, 현실과 반대되는 환상 세계의 요소들을 투사하여 이것들을 융합시켰다. 이에 따라 혼성공간에서는 겉으로는 정상적인 현실 공간으로 보이지만, 안은 환상 세계의 요소들로 구성된 '전복된 현실 공간'이라는 새로운 의미가 생성되며 아이러니를 발생시켰다. 구체적인 텍스트 분석에서, 환상 공간에 나오는 인물들이 그들에게 기대되는 역할을 수행하지 않고, 비정상적 행위를 하는 역할 전도의 상황을 통해 아이러니를 도출했다. 그리고 이러한 아이러니가 현실 사회의 모순적 구조와 실체를 드러내며 사회적 비판의 역할을 한다는 것을 보여주었다.

'생태인식 담화'에서는 자연의 아름다움을 보는 상상력과 인간과 다른 생명체에 대한 공감 능력의 필요성을 강조하기 위해 현저성의 방법으로 텍스트 분석을 시행했다. '물의 세계에 대한 인식'에 관해서는 자연을 분석해야 할 대상으로 보는 과학적 사고를 비판하고, 자연의 경이로움을 볼 수 있는 생태적 상상력의 가치에 주목했다. 또한 이를 실현하기 위한 언어학적 방법으로 전경화, 감각적 색채 이미지, 명명화의 방식 등을 제안했다. 자연을 단순한 배경으로 다루지 않고 중심에 두는 전경화 방식, 빛과 색채를 활용한 감각적 묘사, 개별 생명체에 고유한 이름을 부여하는 명명화의 과정은 우리가 감지하지 못했던 물의 세계를 인식하고, 물속 생명체의 아름다움을 생생하게 체감하고, 그것들이 생명을 지닌 소중한 존재라는 사실을 인지하게 했다. '동물에 대한 인식 '전환'에 관해서는 앤드류 고틀리의 동물 은유 데이터베이스에 근거하여 동물을 부정적으로 묘사하는 전통적인 은유 표현을 비판적으로 분석하고, 동물의 긍정적 가치를 표현하는 새로운 은유 사용을 제안했다. 이 소설에 나온 동물을 새롭게 정의함으로써 동물에 대한 긍정적 인식의 전환을 꾀하고, 인간과 동물이 함께 공존할 수 있는 세상을 그려보았다.

'회복 담화'는 오염의 근원이 되는 타락한 인간성을 종교적 관점에서 다루며 죄와 회개에 대해 분석했다. 개념적 은유의 사상을 통해 이 소설의 물의 세계를 처벌과 회개가 이루어지는 공간으로 상정하고, 《신곡》의 지옥과 연옥의 세계와 비교해 보았다. '지옥의 물의 세계'에 관해서는 **물속 굴뚝은 지옥의 영역이다**라는 은유를 통해 그라임즈가 갇혀 있는 물속 굴뚝이 단테가 묘사한 지옥의 세계와 상응함을 분석했다. 그러나 단테가 그린 지옥 세계가 영원한 형벌의 공간으로 묘사된 것과는 대조적으로, 이 소설은 그라임즈에게 회개하고 구원받을 가능성을 열어두고 있음을 제시했다. '연옥의 물의 세계'에 관해서는 **물의 세계는 연옥의 영역이다**라는 은유를 통해 소설 속 물의 세계를 단테가 그린 연옥의 공간과 비교·분석하고, 두 세계의 상징적 유사성을 탐구했다. 특히 톰의 구원에 필수조건인 자기 의지가 연옥 세계의 교리인 자유의지의 개념에 적용될 수 있음을 밝혔다. 소설에서 톰의 자유의지는 자신을 그토록 괴롭힌 그라임즈를 찾아가는 고난의 여정을 선택함으로써 발휘된다. 톰의 결단은 그라임즈의 회개를 끌어내는 동시에 자신의 구원을 성취하기 위한 결정적 요인으로 작용한다. 이처럼 연옥 세계가 제공하는 변화의 가능성을 통해, 이 절은 죄로 오염된 인간성을 인간 스스로의 주체적 의지와 선택을 통해 회복할 수 있음을 보여주었다.

이 책의 내용은 생태인문학으로 나아가는 작은 발걸음이다. 이 책을 읽는 많은 연구자가 우리의 생태인문학을 온전한 모습으로 다듬어 줄 수 있을 것으로 생각하면서 이 책의 몇 가지 한계점을 인정하고자 한다. 첫째,

이 책은 생태학의 이론과 유형에 대한 체계적인 분석을 통한 통합적 접근이 아니라 생태학 이론의 단편적인 적용에 그친다는 점이다. 둘째, 언어학적 방법론에 대한 보다 세밀한 분석이 이루어지지 못했다는 아쉬움도 있다. 물론 이 외에도 여러 부족한 부분이 꼼꼼한 읽기를 통해 모습을 드러낼 것으로 생각된다. 이 또한 향후 연구자들이 세밀한 연구를 통해 수정 보완해 주길 기대해 본다.

참고문헌

김규훈. 2011. 생태언어학의 교육과정 재개념화 방향-2009 교육과정 문법 과목의 내용 재구성 방안 모색. 《교육과정평가연구》14, 1-30.
김규훈. 2020. 복합양식 텍스트의 비판적 분석과 국어교육적 활용:환경 분야 다큐멘터리의 '소거'와 '현저성' 분석을 중심으로. 《우리말글》87, 129-63.
김동환. 2013. 《인지언어학과 개념적 혼성 이론》. 서울: 박이정.
김사영. 2021. 그래픽 노블《뉴키드》의 인지적 분석: 개념적 은유 이론과 개념적 혼성 이론의 적용. 《현대영어영문학》65(2), 1-25.
김용민. 2003. 《생태문학: 대안사회를 위한 꿈》. 서울: 책세상.
김해연 외. 2016. 《담화분석》. 서울: 종합출판EnG.
문순홍. 1999. 《생태학의 담론: 담론의 생태학》. 서울: 솔.
문영진. 2006. 아이러니와 아이러니 서사의 읽기 문제. 《국어교육학연구》25, 247-81.
임혜원. 2013. 《언어와 인지: 몸과 언어 의미에 대한 인지언어학적 고찰》. 서울: 한국문화사.
최동오. 2015. 《영어권 생태문학의 현황》. 대전: U&I 문화정보.
Alston, Ann. 2008. *The Family in the English Children's Literature*. New York: Routledge.
Altick, Richard D. 1973. *Victorian People and Ideas: A Companion for the Modern Reader of Victorian Literature*. New York: W. W. Norton & Company.
Auerbach, Erich. 2007. *Dante, Poet of the Secular World*. New York: New York Review Books. 이종인 (역) 2014. 《단테: 세속을 노래한 시인》. 경기: 연암서가.
Beer, Gillian. 2000. *Darwin's Plots: Evolutionary Narrative in Darwin, George Eliot and Nineteenth-Century Fiction*. Cambridge: Cambridge University Press.
Bookchin, Murray. 1990. *Remaking Society: Pathways to a Green Future*. Boston: South End Press.
Bookchin, Murray. 2005. *The Ecology of Freedom: The Emergence and Dissolution of Hierarchy*. Oakland: AK Press.
Bookchin, Murray. 2007. *Social Ecology and Communalism*. Oakland: AK Press.
Brown, Michael H. 2017. Nonhuman animals and the relative pronoun 'who' in English learner's dictionaries and graded readers. *Language & Ecology*. http://ecolinguistics-association.org/journal

Carpenter, Humphrey. 2012. *Secret Gardens: A Study of the Golden Age of Children's Literature*. London: Faber and Faber.
Carrigan, Anthony. 2016. Nature, Ecocriticism, and the Postcolonial Novel. In Quayson, Ato (ed.), *The Cambridge Companion to The Postcolonial Novel*, 81-96. Cambridge: Cambridge University Press.
Carroll, Lewis. 1998. *Alice's Adventures in Wonderland and Through the Looking-Glass*. New York: Penguin Books.
Carson, Rachel. 1962. *Silent Spring*. New York: Penguin Books.
Cecire, Maria Sachiko, Field, Hannah, Mudan Finn, Kavita, Roy, Malini (eds.), *Space and Place in Children's Literature, 1789 to the Present*. Surrey: Ashgate.
Chen, Chung-jen. 2020. *Victorian Contagion: Risk and Social Control in the Victorian Literary Imagination*. New York: Routledge.
Cunningham, Valentine. 1985. Soiled Fairy: *The Water-Babies* in its Time. *Essay in Criticism* 35(2): 121-148.
Cutter, Susan L. 1995. Race, class and environmental justice. *Progress in Human Geography* 19(1): 111-122.
Dancygier, Barbara. 2012. *The Language of Stories: A Cognitive Approach*. Cambridge: Cambridge University Press.
Dante, Alighieri. 2006. *The Divine Comedy 1: Inferno*. Trans. Robin Kirkpatrick. New York: Penguin Books.
Dante, Alighieri. 1985. *The Divine Comedy 2: Purgatory*. Trans. Mark Musa. New York: Penguin Books.
Devall, Bill and Sessions, George. 2007. *Deep Ecology: Living as if Nature Mattered*. Utah: Gibbs Smith. 김영준 외 (역) 2022. 《딥 에콜로지》. 서울: 원더박스.
Dickens, Charles. 2001. *Hard Times*. New York: The Modern Library.
Dickens, Charles. 2003. *Bleak House*. New York: Penguin Books.
Dickens, Charles. 2003. *Oliver Twist*. New York: Penguin Books.
Echterling, Clare. 2018. Degeneration and the Environment in Victorian and Edwardian Fiction. Dissertation. The University of Kansas.
Fairclough, Norman. 2003. *Analysing Discourse: Textual Analysis for Social Research*. London: Routledge.
Fairclough, Norman. 2014. *Language and Power*. 3rd edn. London: Routledge.
Fauconnier, Gilles and Turner, Mark. 2002. *The Way We Think: Conceptual Blending and the Mind's Hidden Complexities*. New York: Basic Books.
Fill, Alwin. 1993. *Ökolinguistik: Eine Einführung*. Tübingen: Narr. 박육현 (역) 1999. 《생태언어학》. 서울: 한국문화사.

Fill, Alwin and Mühlhäusler, Peter. 2001. *Ecolinguistics Reader: Language, Ecology and Environment*. ebook.
Fill, Alwin and Penz Hermine (eds.). 2018. *The Routledge Handbook of Ecolinguistics*. New York: Taylor & Francis.
Forte, Diego L. 2020. Ecolinguistics: The battlefield for the new class struggle? *Language & Ecology*. http://ecolinguistics-association.org/journal
Fusari, Sabrina. 2018. Changing Representations of Animals in Canadian English (1920s-2010s). *Language & Ecology*. http://ecolinguistics-association.org/journal
Garrard, Greg. 2004. *Ecocriticism*. New York: Routledge.
Glotfelty, Cheryll. 1996. Introduction: Literary studies in an age of environmental crisis. In Cheryll Glotfelty and Harold Fromm (eds.), *The Ecocriticism Reader: Landmarks in Literary Ecology*, xv-xxxvii. Athens: University of Georgia Press.
Goatly, Andrew. 2006. Humans, animals, and metaphors. *Society & Animals* 14(1): 15-37.
Halliday, Michael. 2001. New ways of meaning: The challenge to applied linguistics." In Alwin Fill and Peter Mühlhäusler (eds.), *The Ecolinguistics Reader: Language Ecology and Environment*, 175-202. London: Continuum.
Hamlin, Christopher. 2012. Charles Kingsley: From being green to green being." *Victorian Studies* 54(2): 255-281.
Haugen, Einar. 1972. *The Ecology of Languages*. CA: Stanford University Press.
Hawley, John. 1989. *The Water-Babies* as Catechetical Paradigm, *Children's Literature Association Quarterly* 14(1): 19-21.
Huges, Thomas. 2008. *Tom Brown's Schooldays*. New York: Oxford University Press.
Hume, Kathryn. 1984. *Fantasy and Mimesis: Responses to Reality in Western Literature*. New York: Methuen.
Hunt, Peter and Lendz, Millicent. 2001. *Alternative Worlds in Fantasy Fiction*. London: Continuum.
Immel, Andrea, Knoepflmacher, U.C. and Briggs, Julia. 2009. Fantasy's alternative geography for children. In M. O. Grenby and Andrea Immel (eds.), *The Cambridge Companion to Children's Literature*, 226-241. Cambridge University Press.
Irwin W. Sherman. 2007. *Twelve Diseases That Changed Our World*. Washington D.C: ASM Press. 장철훈 (역) 2019.《세상을 바꾼 12가지 질병》. 부산: 부산대학교출판부.

Jackson, Rosemary. 1981. *Fantasy: The Literature of Subversion*. New York: Routledge.
Jaques, Zoe. 2015. *Children's Literature and the Posthuman: Animal, Environment, Cyborg*. New York: Routledge.
Jenkins, Ruth Y. 2011. Imagining the Abject in Kingsley, MacDonald, and Caroll: Disrupting Dominant Value and Cultural Identity in Children's Literature. *The Lion and the Unicorn* 35(1): 67-87.
Johnson, Mark. 1987. *The Body in the Mind: The Bodily Basis of Meaning, Imagination, and Reason*. Chicago: Chicago University Press.
Judd, Catherine Nealy. 2017. Charles Kingsley's *The Water-Babies*: Industrial England, The Irish Famine, and The American Civil War. *Victorian Literature and Culture* 45: 179-204.
Kingsley, Charles. 2008. *The Water-Babies: A Fairy Tales for a Land-Baby*. New York: Penguin Books.
Kingsley, Charles. 1877. (His wife) Fances Eliza Kingsley, ed. *Charles Kingsley: His Letters and Memories of His life II*. New York: Scribner.
Kingsley, Charles. 1892. *Collected Works of Charles Kingsley: Sanitary and Social Lectures and Essays*. London: Macmillan.
Kompatscher, Gabriela and Heuberger, Reinhard. 2021. Ethical Literary Animal Studies and Ecolinguistics: Approaching Animals. *Papers on Language & Literature*, 249-274.
Kövecses, Zoltan. 2006. *Language, Mind, and Culture: A Practical Introduction*. New York: Oxford University Press.
Lakoff, George. 2014. *Don't Think of an Elephant!: Know Your Values and Frame the Debate: The Essential Guide for Progressives*. VT: Chelsea Green.
Lakoff, George and Johnson, Mark. 1980. *Metaphors We Live By*. Chicago: Chicago University Press.
Lakoff, George and Wehling, Elisabeth. 2012. *The Little Blue Book: The Essential Guide to Thinking and Talking Democratic*. New York: Free Press.
Leavis, Q. D. 1976. The Water-Babies. *Children's Literature in Education* 23: 155-163.
Lerer, Seth. 2008. *Children's Literature: A Reader's History, from Aesop to Harry Potter*. Chicago: Chicago University Press.
Lovelock, James. 2009. *Gaia: A New Look at Life on Earth*. Oxford: Oxford University Press.
Manlove, Colin. 1999. *The Fantasy Literature of England*. New York: St. Martin's Press.

Meeker, Joseph W. 1974. *The Comedy of Survival: Studies in Literary Ecology*. New York: Scribner.
Muecke, D. C. 1970. *Irony*. London: Methuen & Co Ltd.
Næss, Arne. 1973. The shallow and the deep, long-range ecology movements: A summary. *Inquiry* 16: 95-100.
Næss, Arne. 2007. Self realization: An ecological approach to being in the world. In John Seed et al. (eds.), *Thinking Like A Mountain: Towards A Council of All Beings*, 19-30. BC: New Catalyst Books.
Neill, Anna. 2014. Marvelous plasticity and the fortunes of species in *The Water-Babies*. *Philosophy and Literature* 38(1): 162-177.
Padley, Jonathan. 2009. Marginal(ized) demarcator: (Mis) reading *The Water Babies*. *Children's Literature Association Quarterly* 34(1): 51-64.
Prickett, Stephen. 2017. *Victorian Fantasy: Imagination and Belief in Nineteenth-Century England*. Sussex: EER.
Rapple, Brendon. 1993. The motif of water in Charles Kingsley's *The Water-Babies*. *Studies in English New Series* 11: 259-71.
Richard, Alexander and Stibbe, Arran. 2014. From the analysis of ecological discourse to the ecological analysis of discourse. *Language Sciences* 41: 104-110.
Rosch, Eleanor., Mervis, Carolyn B., Gray, Wayne., Johnson, David., and Boyes-Braem, Penny. 1976. Basic objects in natural categories. *Cognitive Psychology* 8: 382-439.
Rose, Jacqueline. 1993. *The Case of Peter Pan, or The Impossibility of Children's Fiction*. Philadelphia: University of Pennsylvania Press.
Rueckert, William. 1996. Literature and ecology: An experiment in ecocriticism. In Cheryll Glotfelty and Harold Fromm (eds.), *The Ecocriticism Reader: Landmarks in Literary Ecology*, 105-23. Athens: University of Georgia Press.
Scholes, Robert. 1974. *Structuralism in Literature: An Introduction*. New Haven: Yale University Press.
Seed, John et al. 2007. *Thinking Like A Mountain: Towards A Council of All Beings*. BC: New Catalyst Books.
Sherman, Irwin W. 2007. *Twelve Diseases That Changed Our World*. Washington, DC: ASM Press.
Steffensen, S. V. and Fill, A. 2014. Ecolinguistics: The state of the art and future horizons. *Language Sciences* 41: 6-25.
Stibbe, Arran. 2012. *Animals Erased: Discourse, Ecology, and Reconnection with the Natural World*. Connecticut: Wesleyan University Press.

Stibbe, Arran. 2021. *Ecolinguistics: Language, Ecology and the Stories We Live by*. London: Routledge.
Stevenson, Deborah. 1997. Sentiment and significance: The impossibility of recovery in the children's literature canon or, the drowning of *The Water-Babies*." *The Lion and the Unicorn* 21(1): 112–130.
Stockwell, Peter. 2002. *Cognitive Poetics: An Introduction*. London: Routledge.
Straley, Jessica L. 2018. *Evolution and Imagination in Victorian Children's Literature*. Cambridge: Cambridge University Press.
Swamidoss, Hannah. 2013. The interstitial body and moral formation: Third-culture displacement and subject formation in Charles Kingsley's *The Water Babies*. *Otherness: Essays and Studies* 3(2): 1–27.
Swift, Jonathan. 2002. *Gulliver's Travels*. New York: W. W. Norton & Company.
Tanaka, James W. and Taylor, Marjorie. 1991. Object categories and expertise: Is the basic level in the eye of the beholder? *Cognitive Psychology* 23: 457–482.
Thacker, Deborah Cogan, and Webb, Jean., eds. 2002. *Introducing Children's Literature: From Romanticism to Postmodernism*. New York: Routledge.
Todorov, Tzvatan. 1975. *The Fantastic: A Structure Approach to Literary Genre*. New York: Cornell University Press.
Townsend, John Rowe. 1996. *Written for Children: An outline of English-language Children's Literature*. Lanham: Scarecrow Press.
Valera, Luca. 2019. Depth, ecology, and the deep ecology movement: Arne Næss's proposal for the future. *Environmental Ethics* 41(4): 293–303.
Van Lier, Leo. 2004. *The Ecology and Semiotics of Language Learning: A Sociocultural Perspective*. Boston: Kluwer Academic Publishers.
Wallace, Jo-Ann. 1994. De-scribing *The Water Babies*: 'The child' in post-colonial theory. In Chris Tiffin and Alan Lawson (eds.), *De-Scribing Empire: Post-colonialism and Textuality*, 171–184. New York: Routledge.
Webb, Jean. 2002. Reality and enigma in *The Water-Babies*. In Deborah Cogan Thacker and Jean Webb (eds.), *Introducing Children's Literature: From Romanticism to Postmodernism*, 56–62. New York: Routledge.
White, E. B. 1980. *Charlotte's Web*. New York: HarperCollins.
Wood, Naomi. 1995. A (Sea) Green Victorian: Charles Kingsley and *The Water-Babies*. *The Lion and the Unicorn* 19(2): 233–252.
Wulf, Andrea. 2015. *The Invention of Nature*. New York: Vintage Books.
Zhou, Wenjuan. 2017. Ecolinguistics: Towards a new harmony. *Language Sciences* 62: 124–138.

찾아보기

ㄱ

가능 세계__015
가이아 가설__135
감각적 묘사__138, 193
감각적 언어__013
개념적 은유__035, 078, 174
개념적 통합망__040, 044
개념적 혼성__039
개념적 혼성 이론__017, 039, 083
개념화__083, 143
개별화__138
공간횡단 사상__043, 095
공감__013
공리주의__061
과학적 방법론__029
구성 원리__043
구원__171
근원영역__034
긍정적 은유__161
기계론적 세계관__029
기능적 속성__053
기독교 사회주의__057
기독교적 사유__187
기본층위__052, 139
기본층위 범주__050
기형성__115, 119
기후변화__011, 147

ㄴ

낭만주의 시대__067

낭만주의적 상상력__067
넌센스__113
녹색 의제__075

ㄷ

다른 세계__109
다윈의 진화론__064
담화 분석__191
대립__117, 119
대응__043
도덕적 성숙__157
도덕적 성장__171
도덕적 자아__074
도시화__011
동물 권리__147
동물 소거__147
동물 은유__147
동물의 인격화__146
동질화__138
또 다른 세계__109

ㅁ

마법의 세계__109
맬서스식 집단__103
맬서스주의__103
명명화__138, 193
목표영역__034
무의미__112
문학적 체험__012
물리적 고정장치__040

물속 환상 세계__171
물의 세계__110
물질주의__011

ㅂ

반생태적 현실 세계__093
반전__117
발생반복설__073
발현구조__044
배경화__136
범죄자__092
범주화__048
범주화 체계__048
보기의 좋음 등급__054
부분성__036
부분적 사상__036
부정적인 동물 은유__149
부정적 현실__112
부조리__112, 114
분리된 세계__109
불합리함__119
불확정성__110
비가시적 공간__111
비대칭성__036
비유__013
비이성적 공간__114
비판적 담화 분석__016

ㅅ

사상__034, 039
사실__071
사회생태학__026
사회적 부정의__102

사회적 자연__078
사회적 행동__187
사후 세계__171
산업화__011, 096
상관적 구조__048
상보성의 윤리__027
상상력__012, 043, 065, 137
상세성 기능__053
상세한 지식__144
상위어__140
상위층위 범주__050
상징__013
상황적 아이러니__120
생명망__023
생명중심주의__026
생물 문학__064
생물학적 자연__078
생산성__036
생태비평__015, 028, 030
생태언어학__015, 145
생태 위기__010, 077, 183, 190
생태인문학__007, 194
생태 인식__010
생태인식 담화__019, 133
생태적 깨달음__019
생태적 상상력__012, 135, 193
생태적 자아__010
생태중심적 세계관__025
생태철학__016
생태학__015, 024
생태학적 담화 분석__014
생태학적 전환__014
선택적 투사__044, 095

수질오염__096, 097
수집 기능__053
시학__017
신고전주의 경제학__096
신체화된 경험__082
실증적 연구 방식__134
심층생태학__025

ㅇ

아동문학__066
아이러니__107, 117, 119
압축__040
언어생태학__031
언어적 명명화__143
언어적 아이러니__119
언어적 인공물__017
연옥의 세계__185
예술적 감수성__135
오염__101
오염 담화__019
완성__044
원형 효과__054
융합__005
은유__034
은유적 전경화__037
은유적 활용__037
의미구성__191
의미구성 과정__017
의미적 공허__114
의식의 변화__026
이기적 인간성__147
이기주의__011
이원론__029

이중적 대학__006
인간성__019
인간성 회복__189
인간중심적 사고방식__010
인간중심적 세계관__025
인간중심주의__014
인간 척도__039
인지__017
인지 과정__048
인지과학__033
인지 구조__033
인지 능력__126
인지 시학__016
인지적 경제성의 원리__048
인지적 조정__143
인지적 체계__082
인지적 틀__082

ㅈ

자연__134
자유의지__169, 186
자유 주체__186
전경화__133, 136, 193
전복된 현실 공간__122, 193
전복성__115
전복적 판타지__115
접근축__110
정교화__044
정서적 공감__187
정신공간__039
정신망__040
정화__169
제1의 자연__078

제2의 자연__078
제3의 문화 공간__074
종교적 구원__171
종교적 은유__170
주체적 의지__194
중추적 관계__040
지각된 세계 구조의 원리__048, 054
지각적 현저성__052
지향적 은유__173
진정한 대학__006

ㅊ
창의성__065
창조된 세계__109
체계성__036
총칭공간__043

ㅋ
콘트라파소__176

ㅌ
타동성__137
타자화__030
탈압축__040
텍스트 분석__084
통섭__005
통합적 연구__191
투사__039
틀__081

ㅍ
판타지__073
판타지 소설__170

판타지 작품__067
폐기물__097

ㅎ
하위어__140
하위층위 범주__050
학문적 역할__190
학제간 연구__014
학제성__006, 032
합리주의적 세계관__029
합성__044
행위적 공감__187
현실 공간__117
현실 세계__109
현저성__133, 137
혼돈 담화__019, 107
혼성공간__044
혼성망__040
환경 문제__075
환경오염__032, 102
환경적 정의__100
환경주의자__074
환상__012, 069, 071, 108, 117
환상 공간__070, 108, 115, 117
환상 세계__112
회개__168, 182
회복 담화__167

2
2차 세계__109

생태인문학을 향한 발걸음
《물의 아이들》이 인지언어학을 만나다

1판 1쇄 발행　2024년 5월 20일
1판 2쇄 발행　2025년 1월 20일

지 은 이 ｜ 강민정·김동환
펴 낸 이 ｜ 김진수
펴 낸 곳 ｜ 한국문화사
등　　록 ｜ 제1994-9호
주　　소 ｜ 서울시 성동구 아차산로49, 404호(성수동1가, 서울숲코오롱디지털타워3차)
전　　화 ｜ 02-464-7708
팩　　스 ｜ 02-499-0846
이 메 일 ｜ hkm7708@daum.net
홈페이지 ｜ http://hph.co.kr

ISBN　979-11-6919-209-5　93700

· 이 책의 내용은 저작권법에 따라 보호받고 있습니다.
· 잘못된 책은 구매처에서 바꾸어 드립니다.
· 책값은 뒤표지에 있습니다.

오류를 발견하셨다면 이메일이나 홈페이지를 통해 제보해주세요.
소중한 의견을 모아 더 좋은 책을 만들겠습니다.